Ursula Wölfel

Mond Mond Mond

Ursula Wölfel

Mond Mond Mond

Hoch-Verlag · Düsseldorf

Einband von Bettina Wölfel

neu bearbeitet 1986

Druck: Hub. Hoch, Düsseldorf, 1986
ISBN 3-7779-0396-5

Inhalt

Nauka und Pimmi

»Mond! Mond! Mond!« rief Pimmi. Denn sie wußte: Der Mond ist gut. Er kommt in der Nacht und macht sie hell, und er kennt alle Geheimnisse, der wandernde Mond, der Zigeunerfreund. Darum mußte Pimmi ihn rufen, jetzt, am hellen Nachmittag, weil sie doch auf dem falschen Weg durch den Wald gingen. Weshalb merkte Nauka das nicht?

Noch einmal rief Pimmi und noch lauter: »Mond! Mond!« Nauka legte ihre Hand über Pimmis Mund. »Still!« sagte sie. »Du darfst nicht schreien, sonst hören uns die Leute.«

Pimmi biß in Naukas warme, weiche Hand, aber nicht fest, nicht so, daß es weh tat. Wie ein kleiner Hund, wenn er spielt, zärtlich und vorsichtig biß Pimmi in Naukas Hand. Ein wenig salzig schmeckte das und ein wenig bitter, ein wenig nach Erde und ein wenig nach Brot, umd im ganzen schmeckte und roch es wie Nauka.

Nauka lachte, zog die Hand weg, wischte sie am bunten Rock ab und fragte:

»Warum rufst du den Mond, Pimmi?«

»Der Weg!« flüsterte Pimmi, und dann rief sie noch einmal, so laut sie konnte: »Mond!«, weil es doch wichtig ist, daß man ihn dreimal ruft. Doch jetzt, beim dritten Ruf, sah sie, wie er sich krümmte und bog, der falsche Weg, wie eine –

»Eidechse!« sagte Pimmi schnell und legte beide Hände auf den Mund. Denn man sollte nicht »Schlange« sagen, und Pimmi wollte noch nicht einmal »Schlange« denken, das böse Wort für das Böse. Wenn Pimmi es gesagt hätte, wer weiß, ob sie dann jemals die Wagen wiederfinden würden? Die Wagen im Steinbruch, die Wagen und Mutter Savina und Vater Tino und Bruder Branko und die gute alte Mara-Mami! Alle Onkel und Tanten und Kinder und Hunde und die kleine Katze Macki mit den drei weißen Pfoten und den Mondaugen, wer weiß, ob sie die dann jemals wiederfinden würden?

Auch Nauka sagte: »Eidechse!« und sah Pimmi erschrocken an. Auch Nauka hatte Angst vor dem bösen Wort für das Böse, und sie wußte

nun, was Pimmi gedacht hatte.
Aber jetzt blieb sie endlich stehen und betrachtete den Weg. Die warme Septembersonne hatte ihn getrocknet, und er sah gut und freundlich aus. Das fand Nauka. Wie lange gingen sie schon auf diesem Weg?
Sie waren im Dorf gewesen, hatten Spitzen verkauft und bei einer alten Bäuerin Kaffee getrunken und große Brotscheiben mit Mus gegessen. Nun wollten sie zum Steinbruch zurück, zu den Wagen, vor denen die kleinen Feuer brannten, zu den Eltern und Onkeln und Tanten und zu Mateo. Ob er wohl immer noch auf dem Stein in der Sonne saß und an dem neuen Puppenkopf schnitzte? Mateo! Mateo! dachte Nauka und vergaß den Weg, und vergaß Pimmi und vergaß, daß die Sonne schon so tief stand wie im September um die fünfte Stunde nach Mittag. Nauka stand einfach nur da und dachte an Mateo und lächelte.
Am Wegrand lag trockenes Laub, das hatte der Wind zusammengeweht. Pimmi nahm mit den Zehen ein Blatt auf und zerknickte es. Das kitzelte ein bißchen, weil die Krümel an ihrer Fußsohle entlang rieselten. Pimmi dachte: Ich mache die Blätter kaputt, die auf dem falschen Weg liegen, diesen ganzen falschen Weg möchte ich kaputt machen! Sie wußte schon lange, daß dieser Weg nicht zu den Wagen führte. Aber wie sollte sie das Nauka erklären? Nauka war die große Schwester. Sah sie nicht schon fast wie eine Frau aus? War sie nicht schon fünfzehn Jahre alt? Und sie konnte Suppe kochen und schöne Deckchen häkeln, und sogar in die Schule war sie schon gegangen und konnte ihren Namen schreiben mit richtigen Buchstaben, wie Mateo! Keinen Menschen auf der Welt bewunderte Pimmi so sehr wie Nauka. Und wenn Nauka wirklich auf diesem falschen, bösen Weg weitergehen wollte, dann mußte er eben doch ein richtiger Weg sein. Pimmi sah zu Nauka hinüber und bohrte in der Nase. Und Nauka sah jetzt Pimmi an und sagte nicht wie sonst: Laß das! Sie sah die kleine Schwester nur an und hörte endlich auf, an Mateo zu denken. Denn es war ebenso wichtig, an Pimmi zu denken. Jeder konnte sehen, daß sie nicht schön war, die kleine, dünne Pimmi mit den wirren, stumpfen Haaren und den Schielaugen, aber wer konnte sehen, wie schön und weise ihr Herz war?
Nauka sah es.

Sie fragte: »Was ist mit dem Weg, Pimmi?«
»Er ist falsch!« flüsterte Pimmi, und schielte nach links und schielte nach rechts, so schämte sie sich, weil sie etwas besser wissen wollte als Nauka, die kluge, die schöne, die große Schwester.
»Wie falsch ist er, Pimmi?«
»So!« Pimmi hob ihren rechten Arm. »So sind wir in das Dorf hineingekommen. So!« Dann hob sie ihren linken Arm, aber nur ein ganz klein wenig, weil dort der falsche Weg sich bog und krümmte. »Und so sind wir fortgegangen aus dem Dorf.« Sie wurde rot. Durfte sie denn so zu Nauka sprechen? Als wüßte sie etwas besser als Nauka?
Aber Nauka rief: »Du hast recht, Pimmi! Wie dumm ich war! Komm, wir laufen zurück!«
Pimmi lief zu Nauka und schlang beide Arme um ihre Hüften, daß Naukas Rock sich über ihrem Gesicht bauschte. Sie wußte nicht, was sie sagen sollte. Sie gab nur dem Rock viele kleine, zärtliche Küsse, weil sie froh war, und weil sie Nauka so liebhatte.
Sie kehrten um. Pimmi machte ihre Schritte lang, und Nauka machte ihre Schritte kurz. Aber wohin sollten sie gehen mit den langen und den kurzen Schritten? Nauka fragte, sooft jetzt der Weg sich gabelte:
»Pimmi, wie sollen wir gehen?« Und Pimmi hob den rechten Arm und sagte vergnügt:
»Dorthin, wo der gelbe Vogel fliegt!«
Oder sie hob den linken Arm und sagte: »Dort über die schöne Wiese!« Oder sie reckte ihr spitzes Kinn und sagte: »Dort über die Brücke und den Bach!«
Aber sie waren vorher über keine Brücke gegangen und über keine Wiese. Nauka hatte nun Angst. Ehe es Nacht wurde, mußten sie den Steinbruch mit den Wagen gefunden haben. Denn in der Nacht darf man nicht unterwegs sein. Den Mule, den Seelen gehört die Nacht, das hatte die alte Mara gesagt. Vater Tino glaubte nicht daran, auch Mateo nicht. Aber sie waren Männer. Zuerst hüpfte Pimmi und versuchte zu pfeifen wie Tante Jerikas große Jungen oder wie Tutta. Bald, bald, bald würden sie wieder bei den Wagen sein!
Einmal setzten sie sich für ein paar Minuten auf einen Baumstamm am Weg. Nauka hatte Brot im Beutel, das teilten sie sich. Pimmi wurde davon nicht satt, aber das sagte sie nicht. Sie war auch sehr müde, als

sie weitergingen, und auch das sagte sie nicht.
Endlich hörte der Wald auf. Ein Dorf lag im Tal. Sie merkten bald, daß es nicht das Dorf war, bei dem der Steinbruch lag. Es war viel kleiner, und es hatte einen anderen Namen. Ob sie die Leute dort nach dem Weg fragen sollten? Im Wald wurde es schon dunkel.
Es war Melkzeit. In den Ställen stampften und muhten die Kühe. Türen schlugen in den Häusern, Eimer schepperten auf den Höfen. Burschen und Männer schoben kleine Wagen mit Milchkannen über die Straße. Sie sahen sich um, wenn Nauka und Pimmi vorüberkamen mit ihren langen, bunten Röcken, mit ihren schwarzen Haaren und ihrer braunen Haut. An manchen Hoftoren standen Kinder. Mit den Fingern deuteten sie auf Nauka und Pimmi, tuschelten, versteckten sich hinter den Hausecken, rannten in die Höfe und riefen: »Zigeuner! Zigeuner!«
Die beiden kannten das. Immer wurde getuschelt, immer mit dem Finger gezeigt, immer liefen die Kinder weg, wenn sie kamen. In ihre Häuser liefen die fremden Kinder. Dort hatten sie Stühle zum Ausruhen und warme Betten zum Schlafen, dort waren Tische mit großen Schüsseln, und Mütter und Väter waren dort. Pimmi fühlte sich elend und unglücklich.
»Müssen wir noch sehr weit gehen?« fragte sie.
»Ich weiß nicht«, sagte Nauka.
»Kannst du nicht fragen, wo der Steinbruch mit unseren Wagen ist?«
»Nein«, sagte Nauka. »Ich will nicht fragen.«
Und Pimmi sah an Naukas Gesicht, daß sie noch größere Schritte machen mußte.
Sie kamen an einen Brunnen.
»Bitte!« flüsterte Pimmi. »Ich habe Durst!«
Aber es standen Kinder um den Brunnen. »Frag sie!« flüsterte Pimmi und zerrte an Naukas Rock. »Frag sie nach dem Weg, und ob ich etwas trinken darf!«
Nauka zögerte. Da rief schon ein Junge:
»Geht weiter, geht weg, ihre beide!«
Und zu den anderen Kindern sagte er: »Lauft! Die haben den bösen Blick, die schwarzen Weiber, sie verzaubern euch!« Nauka nahm Pimmis Hand und zog sie fort.

Dann war das Dorf zu Ende. Das weite Tal lag vor ihnen. Bald würde es ganz dunkel sein. Pimmi fror. Sie schüttelte sich und schob ihre Schultern tiefer in Naukas Rockfalten.

Abseits vom Dorf in einer Wiesenmulde lag der letzte Hof. Sie sahen zuerst nur die Dächer von Haus, Scheune und Schuppen, die breiten, warmen Dächer.

»Dort frage ich«, sagte Nauka und streichelte Pimmis Rücken. Als sie näher kamen, hörten sie Musik und Gesang aus dem Haus, und alle Fenster waren hell.

»Ein Fest! Ein Fest!« rief Pimmi. Sie machte sich los und lief zum Haus. Wenn sie sich auf die Zehenspitzen stellte, konnte sie durch die Fenster sehen.

An langen Tischen saßen die Leute und aßen und tranken, redeten und lachten. Zwei Mädchen mit weißen Schürzen liefen hin und her und brachten immer neue Schüsseln mit Würsten und Braten, mit Gemüsen, Kartoffeln und fetten Soßen. An der Wand stand ein Tisch mit Kuchen und Torten, Weinflaschen und Gläsern.

»Oh!« rief Pimmi und schluckte.

»Eine Hochzeit!« flüsterte Nauka. »Siehst du die Braut? Und einen schönen Mann hat sie, schau nur!«

Sie vergaßen, daß es schon spät war und daß sie die Wagen finden mußten, ehe die Nacht kam. Pimmi sah nur die guten Sachen, und Nauka sah nur die schöne Braut. Sie merkten beide nicht, daß jemand aus dem Haus kam. Plötzlich stand ein Mädchen neben ihnen, nicht älter als Nauka, und rief: »Hallo, ihr!«

»Wir gehen schon«, sagte Nauka und nahm Pimmis Hand.

»Wer seid ihr? Wo kommt ihr her?« fragte das Mädchen. Nauka zuckte die Schultern. Woher kamen sie? Von überall her.

»Ach so«, sagte das Mädchen. »Ihr seid Zigeuner.«

»Ja«, sagte Nauka. Sie wollte Pimmi fortziehen, aber die holte tief Luft und fragte:

»Mädchen, weißt du, wo der Steinbruch ist? Wir sind auf dem falschen Weg gegangen.«

»Gehört ihr zu den Zigeunern, die im Gerlauer Steinbruch waren?«

»Ja, Gerlau heißt das Dorf«, sagte Nauka. »Ist es noch weit?«

»Zwei Stunden«, sagte das Mädchen. »Aber was wollt ihr dort? Wann

seid ihr dort weggegangen?«
»Mittags. Wir haben in einem Dorf Spitzen verkauft, und nachher haben wir uns verlaufen.«
»Dann wißt ihr es noch nicht?«
»Was sollen wir wissen?«
»Daß niemand mehr dort ist. Daß die Arbeiter gekommen sind, weil morgen wieder gesprengt werden soll, daß es eine Schlägerei gegeben hat, daß die Polizei kommen mußte, daß man sie alle weggejagt hat! Wißt ihr das nicht?«
»Du redest Unsinn!« sagte Nauka und legte den Arm um Pimmis Schultern. »Ich verstehe kein Wort von dem, was du sagst.«
»Der Anton hat es vorhin erzählt, der Polizist. Heute nachmittag haben sie ihn nach Gerlau gerufen, alle Polizisten aus der Gegend mußten dorthin. Und sie haben alle Zigeunermänner ins Gefängnis nach Otterau gebracht. Weil ihr doch das Vieh gestohlen habt und wegen der Schlägerei. Einer hat gleich das Messer gezogen, so ein Schwarzer, Wilder.«
»Wir haben kein Vieh gestohlen. Du lügst!« rief Nauka.
»Natürlich, das wollt ihr doch nie zugeben. Aber in Gerlau sind zwei Rinder von der Weide gestohlen worden.«
»Wir haben kein Vieh gestohlen. Komm, Pimmi!«
»Was sagt sie?« fragte Pimmi.
»Sie sagt, daß wir Vieh gestohlen haben. Sie ist böse. Sie sagt, daß die Wagen nicht mehr im Steinbruch stehen. Sie haßt die Zigeuner. Alle diese Fremden hassen die Zigeuner.«
»Nein! Das ist nicht wahr!» rief das Mädchen, »Ich will euch helfen, ihr tut mir leid! Was könnt ihr dazu, wenn eure Mannsleute Vieh stehlen?«
Nauka antwortete nicht. Sie war zu müde. Ging es ihnen nicht immer so? Irgendwo wurde etwas gestohlen, und wenn die Leute dann Zigeuner sahen, gab man ihnen die Schuld. Niemand vertraute ihnen. Nirgendwo durften sie bleiben. Sie wußte genau, daß keiner von ihrer Sippe ein Stück Vieh gestohlen hatte. Aber das Mädchen würde ihnen nicht glauben. Weshalb sollte sie noch reden? Weshalb sich wehren?
Pimmi flüsterte: »Ich bin so müde. Ich habe Durst. Und Hunger auch.«

»Wie alt ist sie?« fragte das Mädchen.
»Sieben«, sagte Nauka.
»Ihr könnt bei Nacht den Gerlauer Steinbruch nicht finden. Und ich sage euch, dort ist niemand mehr von euren Leuten. Die Männer sind in Otterau im Gefängnis, und auch die Frauen mußten mit den Wagen dorthin. Der Otto, der Gerlauer Polizist, ist mit dem Motorrad nebenher gefahren. Vier Wagen waren es. Ein alter Lastwagen, ein Personenauto mit einem Wohnanhänger, ein großer grüner Wohnwagen mit einem Traktor davor und ein alter Karren mit einem Pferd. Der gehörte dem ältesten Zigeunermann. Er ist wohl nicht ganz richtig im Kopf, sagt der Anton.«
»Panelon«, flüsterte Nauka.
»Glaubst du mir jetzt? Der Alte durfte seinen Wagen selbst kutschieren, weil der Gaul ohne ihn keinen Schritt von der Stelle ging. Aber ins Gefängnis mußte er wie die anderen. Sie haben zur Sicherheit einen Gerlauer Burschen mitgeschickt. Der hat erzählt, der Alte hätte auf dem ganzen Weg gesungen.«
»Ja«, sagte Nauka. »So ist Panelon. Ich glaube dir.«
»Was wollt ihr tun?« fragte das Mädchen.
»Ich möchte zum Steinbruch gehen und selbst sehen, was du gesagt hast. Aber meine kleine Schwester ist müde. Willst du gut zu uns sein? Laß uns in eurer Scheune schlafen.«
»Wenn ihr leise seid, wird niemand etwas merken. Bei uns wird heute Hochzeit gefeiert. Meine Schwester ist die Braut.«
Nauka nickte. »Ich habe sie gesehen. Sie ist sehr schön. Gott soll sie segnen und ihr viele Kinder schenken.«
Das Mädchen lachte. »Wie feierlich du bist! Aber ich mag dich. Ich finde, Zigeuner sind ganz besondere Menschen. Meine Patentante hat das gesagt. Kommt schnell, sie sind alle noch beim Essen. Vielleicht kann ich euch heimlich etwas bringen.«
»Ja!« rief Pimmi. »Und etwas zu trinken!«
Das Mädchen führte sie in die Scheune und zeigte ihnen die Leiter zum Heuboden. Dann lief es fort und kam bald mit einem zugedeckten Korb zurück.
»Fleisch!« rief Pimmi. »Und Kuchen! Und Milch!«
Sie aß und trank und war wieder vergnügt. Bald schlief sie ein, den

Kopf auf Naukas Arm.
Nauka lag noch lange wach. Wohin sollten sie morgen wandern, wenn das Mädchen die Wahrheit gesagt hatte? Wie weit war der Weg nach Otterau? Würden sie dort die Mutter finden?
Vom Hochzeitshaus hörte sie noch lange den fröhlichen Festlärm. Dort waren glückliche Menschen. Die hatten in festen Häusern ihren Platz an den Tischen. Die konnten sagen: Mein Haus, mein Dach, mein Tisch, mein Vieh, mein Land. Immer sahen sie die gleichen Bäume vor ihren Fenstern, immer wanderten sie auf den gleichen Wegen zwischen Haus und Feld, Wald und Dorf. Sonne und Mond gingen für sie immer hinter dem gleichen Hügel auf. War es wohl besser, so zu leben? Besser als das endlose Wandern auf fremden Straßen?
Die Wagen standen zu dieser Stunde in Otterau, dort wo die kleine Stadt zu Ende war. Ein Brückchen führte über einen Bach. Nahe beim Wasser brannte ein Feuer. Vier Frauen saßen dort: Da saß die Großmutter Mara, die Mami. Sie rauchte eine kurze Pfeife und blickte schweigend ins Feuer.
Da saß die hagere Jerika, Maras älteste Tochter, mit der kleinen Nuna im Schoß. Manchmal hob sie den Kopf und rief ein schnelles, scharfes Wort zur Böschung hinauf, wo im Lastwagen unter den Weiden ihre vier anderen Kinder immer noch lärmten und nicht einschlafen wollten.
Da saß Ninja, die Dicke, die Gutmütige, Maras zweite Tochter, mit ihrem geblümten Kleid und dem braunen Lebkuchengesicht. Sie streichelte Nunas nackte Füßchen. Sie selbst hatte keine Kinder.
Da saß auch Savina, und sie hielt ihre Hände fest gefaltet.
Alle dachten an Nauka und Pimmi, die verlorenen Kinder. Weshalb waren sie nicht zur rechten Zeit zum Steinbruch zurückgekommen?
Auch an die Männer im Gefängnis dachten die Frauen. Aber sie machten sich ihretwegen nicht viel Sorgen. Man würde schon merken, daß sie das Vieh nicht gestohlen hatten, man würde sie bald wieder freilassen.
Jetzt sagte Savina: »Ich fahre. Und ich bitte dich, Mutter Mara, komm du mit mir und Branko, damit wir die Kinder suchen. Ehe es Tag wird, können wir wieder in Gerlau sein. Jerika und Ninja sollen hier warten, bis wir zurück sind.«

»Es ist nicht gut, bei Nacht zu fahren«, sagte die alte Mara. »Besser ist es zu warten. Nauka ist klug. Sie kommt zum Steinbruch und sieht, daß die Wagen fort sind. Sie fragt die Leute, und man sagt ihr, was geschehen ist. Eine gute Seele zeigt ihr den Weg, und sie kommt hierher, morgen oder übermorgen. Wir müssen warten.«

»Hier!« rief Jerika aufgeregt. »Hier, wo alle Leute wissen, daß unsere Männer im Gefängnis sind? Wer glaubt uns denn, daß wir kein Vieh gestohlen haben? Mit den Fingern zeigt man auf uns: Seht die Frauen der Viehdiebe! Seht die Räuberfrauen! Will jemand Savinas Deckchen kaufen? Will jemand Ninjas Lebkuchen essen? Will jemand Jerikas Zirkusschau sehen, Jerikas Söhne und Jerikas Wunderhunde? Niemand, sage ich, niemand! Und was gebe ich ihnen zu essen, meinen Kindern und meinen Hunden? Unsere Männer wissen doch, daß wir nach Blasberg zum Jahrmarkt wollen. Hier warten! Hier sitzen und uns von den Leuten anstarren lassen! Und in Blasberg läuft das Geld uns fort und versteckt sich in den fremden Taschen. Nein, ich fahre morgen. Und du kommst mit mir, Ninja. Oder meinst du, es wäre deinem Jerko recht, wenn eure Lebkuchen im Kasten verschimmeln, und die Leute kaufen für gutes Geld das schlechte Zeug von den anderen Händlern? Ich kann ja schon einen Platz für Savinas Stand mieten.«

»Du redest viel, Jerika! Aber helfen willst du uns nicht. Wessen Schuld ist es denn, daß die Polizei kam? Wer hat im Steinbruch das Messer gezogen? Dein Mann, dein Bubala!« rief Savina.

»He, Bubala, immer Bubala!« schrie Jerika zurück. »Und wer hat den Streit mit den Arbeitern angefangen? Wer hat starrsinnig wie ein Esel gesagt: Wir gehen keinen Schritt von hier fort, weil wir auf die Kinder warten müssen? Wer? Dein Tino und du, Savina! Ihr habt den Streit angefangen, nur ihr, und nur darum, weil deine Nauka sich irgendwo herumgetrieben hat!«

»Giftkraut! Böse Zunge!« rief Savina.

»Oh, oh, oh!« jammerte Ninja.

»Schweigt!« sagte die alte Mara. »Jetzt rede ich! Du Jerika, achte auf deine Worte. Du hast Nauka beleidigt. Nimm zurück, was du gesagt hast.«

»Ich nehme es zurück«, murmelte Jerika und machte sich mit Nuna zu schaffen.

»Und du, Savina, nimm zurück, was du zu deiner Schwester Jerika gesagt hast!«
»Ich nehme es zurück«, sagte auch Savina.
»Jetzt hört, was ich zu sagen habe: Es ist nicht gut, wenn wir uns trennen. Aber ihr seid zu aufgeregt. Deshalb sollen Jerika und Ninja nach Blasberg vorausfahren. Savina und ich warten hier auf die Kinder.«
»Niemals warte ich hier, niemals!« rief Savina. »Soll ich meine Kinder nicht suchen dürfen? Soll ich eine schlechte Mutter sein?« Mara schüttelte den Kopf. »Wo willst du sie suchen, Savina? Viele Straßen und Wege führen von Gerlau hierher. Ich meine auch, es ist gut, wenn die Kinder den Weg allein finden müssen. Es ist eine Probe für sie.«
Savina weinte.
»Ich kann nicht warten, ich kann nicht«, flüsterte sie.
Alle schwiegen. Ninja und Jerika streichelten Savinas Schultern. Die alte Frau blickte ihre Töchter an. Dann klopfte sie die Pfeife aus.
»Wie Feuer ist das Herz meiner Tochter Savina, so heiß und so ungebärdig«, sagte sie leise. »Alles Unglück kommt schnell wie das Wetter. Man muß es aushalten, man muß unter die Plane kriechen und die Augen schließen und darauf horchen, was das Unglück uns sagt. Immer sagt es: Sei geduldig. Wer das Glück rufen will und das Gute, der muß warten können, Savina. Wieviel mußt du noch lernen! Aber ich will deinen Willen tun und mit dir fahren, wenn ich auch meine, daß es falsch ist. Ehe die Sonne kommt, brechen wir auf. Du, Jerika, fährst nach Blasberg. Du, Ninja, bleibst hier, bis die Männer aus dem Gefängnis kommen.
»Allein? Ganz allein?« fragte Ninja.
»Wir treffen uns in Blasberg. Wenn Savina und ich die Kinder nicht finden, ehe der Jahrmarkt zu Ende geht, dann suchst du, Jerika, dort ein Winterquartier für uns alle. Du kennst die Wohnungen der armen Leute am Stadtrand beim Gertrudenhof. Es wird Zeit, daß wir die Wagen abstellen. Geht jetzt schlafen.«

Sara und Macki

Früh am Morgen kam das Mädchen und weckte Nauka und Pimmi. Es führte sie in den Grasgarten hinter der Scheune und erklärte ihnen den Weg zum Steinbruch. Nauka wollte noch nicht glauben, daß die ganze Familie in Otterau sei. »Einer wartet bestimmt auf uns«, sagte sie. »Oder sie haben ein Zeichen für uns zurückgelassen.«

Das Mädchen gab ihnen Brot, Wurst und Kuchen, und Nauka tat alles in ihren Beutel.

»Du bist gut zu den fremden Kindern«, sagte sie. »Wir danken dir.«

»Ihr tut mir leid«, sagte das Mädchen.

Nauka sah sie an und lächelte. »Willst du mir deinen Namen sagen, und willst du mir die Hand geben?«

»Anna heiße ich«, antwortete das Mädchen. Und sie gaben sich die Hände. Nauka hob den Beutel auf die Schulter.

»Wir wünschen Anna Glück und Segen. Wir werden immer an sie denken, wenn andere Menschen unfreundlich zu uns sind. Bleib mit Gott, Anna!«

»Auf Wiedersehen, Nauka und Pimmi!« sagte das Mädchen. Pimmi flüsterte ihr zu: »Du mußt sagen: Geht mit Gott! So ist es richtig.«

»Geht mit Gott!« sagte das Mädchen.

Da faßte Pimmi schnell ihre Hand und küßte sie und machte einen tiefen Knicks dabei. Anna lachte verlegen.

Nauka und Pimmi schlüpften durch die Hecke und gingen den Weg zum Wald hinauf. Einmal blieben sie stehen und sahen zurück. Das Mädchen Anna stand noch unter den Bäumen und sah ihnen nach.

Pimmi stapfte vor Nauka her über den grasigen Weg. Die Halme hingen so dicht voller Tautropfen, daß sie wie bereift aussahen. Wo sie gingen, blieb eine dunkle Spur hinter ihnen. Pimmi lief im Zickzack, in Bogen und Kreisen, und freute sich an dem gemusterten Weg. Daß ihre nackten Füße blau vor Kälte wurden, kümmerte sie nicht.

Jetzt ging die Sonne auf, und die Vögel lärmten in den Bäumen. War dies nicht ein schöner Tag? Und trug nicht Nauka in ihrem Beutel Brot, Wurst und Kuchen? Und würden sie nicht bald zum Steinbruch

kommen, wo die Wagen standen, wo Mutter und Vater warteten?
»Du machst dich müde«, sagte Nauka. »Wir werden heute noch weit wandern müssen.«
»Nein«, sagte Pimmi. »Es ist nicht mehr weit. Dieser Weg ist der richtige Weg. Erkennst du ihn nicht?«
Dann sahen sie den Steinbruch.
»A-hi! A-ho!« schrie Pimmi. Quer durch den Wald rannte sie jetzt, und Nauka lief ihr nach. Nun dachte sie, das Mädchen Anna müßte sich geirrt haben. Dann würden sie gleich die Wagen sehen. Gleich würde Vater Tino den wirren schwarzhaarigen Kopf aus dem Wagenfensterchen strecken. Gleich würde Mutter Savina das Treppchen hinablaufen. Gleich käme hinterdrein im flatternden weißen Hemd der lustige Bruder Branko. Gleich würde einer an Jerikas Wagen die Plane zurückschlagen, gleich Tante Ninja die geblümten Gardinen beiseite schieben, – und gleich Mateo verschlafen aus dem kleinen Zelt kriechen und lachen und winken! Ach, Nauka wollte so gern glauben, daß Anna sich geirrt hätte. Und sie lief hinter Pimmi her.
Nun standen sie hoch über dem steinernen Kessel. Noch lag der Grund im Schatten. Aber sie konnten sehen, daß keine Wagen dort standen. Mit offenem Mund starrte Pimmi hinab.
»Es ist der falsche Steinbruch, Nauka!« flüsterte sie.
Nauka schüttelte den Kopf.
Sie kletterten nach unten. Die Arbeiter hatten schon an der Einfahrt zum Steinbruch das Brombeergestrüpp und die Haselbüsche gerodet. So konnten die Kinder nicht sehen, ob man für sie als Wegzeichen einen geknickten Ast dort zurückgelassen hatte. In welche Richtung waren die Wagen gefahren? Wo lag Otterau? Die Tür der alten Schutzhütte war mit frischen Brettern geflickt. Ein blitzendes Schloß hing jetzt davor. Pimmi betastete es, schnupperte daran und zog die Nase kraus. Dann stellte sie sich mitten in das steinerne Halbrund und rief alle Namen, alle guten, freundlichen Namen: »Mutter Savina! Vater Tino! Bruder Branko! Mara-Mami!«
Und sie rief: »Tante Ninja! Onkel Jerko!«
Und sie rief: »Tante Jerika! Onkel Bubala! Hotolo, Pepe, Frisko, Tutta! Nuna!«
Und sie rief: »Onkel Panelon! Mateo! Ringelblume! Onkel Panelon!«

Auf einem halb behauenen Block saß Nauka und sah sich um. Dort und dort und dort waren noch die Spuren der Feuerstellen. Hier hatte der grüne Wohnwagen gestanden, hier Tante Ninjas weißer Anhänger, daneben Tante Jerikas Lastwagen, zwischen den Büschen drüben Onkel Panelons Karren. Neben der Schutzhütte auf dem Rasenfleck hatte Ringelblume geweidet, Onkel Panelons und Mateos Pferd. Wie seltsam Mateo war. Er wollte nicht mit einem Auto fahren, ihm war wie seinem Vater die alte Stute lieber. Und er las in Büchern, und er schrieb die Stücke für sein Puppentheater in dicke Schreibhefte. Hier, auf diesem Stein hatte er gestern gesessen und eine neue Puppe geschnitzt, hier, wo Nauka jetzt saß. Die Gedanken liefen ihr fort.
»Sara! Sara!« schrie Pimmi.
Nauka fuhr sich mit der Hand übers Gesicht und stand auf. »Sei leise«, sagte sie. »Bald können die Arbeiter kommen. Wir wollen fortgehen und den Weg nach Otterau suchen.«
Aber Pimmi kletterte schon in die Felswand.
Nun sah Nauka, was Pimmi entdeckt hatte: Auf einem kleinen Vorsprung saß eine Spielpuppe, Mateos Puppe Sara! Weit nach rechts war ihr hölzerner Kopf gedreht, und nach rechts wiesen die beiden Puppenhändchen mit den gespreizten Fingern. Ein rotes Band war in Saras schwarzen Zopf geflochten, und der lag über ihrer rechten Schulter. Nauka wußte sofort: Nach rechts mußten sie wandern, nach Süden. Mateo hatte ihnen die Puppe als Wegzeichen zurückgelassen.
»Halt!« rief Nauka. »Halt, Pimmi, ich hole sie!«
»Nein, ich, nein, ich!« Pimmi krallte sich in die Steine. Jeden Finger mußte Nauka ihr aufbiegen. Sie lachten und balgten sich, bis Nauka mit ihrem längeren Arm über Pimmis Kopf griff und die Puppe herabzog.
»Meine Sara!« sagte sie. »Mateo hat sie geschnitzt.«
»Mateo, ja!« sagte Pimmi und drehte den Kopf weg. »Der wird ja auch dein Mann sein.«
»Sei still!« rief Nauka. »Woher weißt du das?«
»Ich weiß es eben.«
»Wer weiß es noch?« fragte Nauka streng.
»Der Mond. Ich habe es ihm gesagt, als ich einmal traurig war, weil du ihn so liebhast, den Mateo.«

»Was verstehst du davon«, murmelte Nauka, und sie streichelte die Puppe, wie man ein Kind streichelt. Diese Puppe hatte Mateo geschnitzt, und er hatte ihr Naukas Gesicht gegeben. Das wußte sie, das hatte der alte Panelon ihr gesagt. Außerdem konnten alle es sehen. Jetzt hing die schöne Puppe mit schlaffen Gliedern in ihrem Schoß. Als aber Mateo sie geführt hatte an ihren Drähten und Rollen, da hatte sie gelebt, da hatte sie getanzt, schöner als Nauka je tanzen konnte. Und nur zum Wegzeichen hatte Mateo seine wertvolle Tanzpuppe hier zurückgelassen? Nur zum Wegzeichen?

Pimmi stand jetzt neben Nauka und sah sie ängstlich an. Denn sie spürte, daß Naukas Seele wieder fortgelaufen war. Aber Pimmi hörte Motorenlärm durch den Wald näher kommen. Sie mußte Naukas Seele zurückrufen, auch wenn man das eigentlich nicht tun soll. Vorsichtig stieß sie den Kopf an Naukas Schulter. Die horchte und sprang gleich auf.

Mit wehenden Röcken liefen sie aus dem Steinbruch und versteckten sich im Wald unter hohem Farnkraut. Die Arbeiter kamen. Sie stellten ihre Motorräder ab und luden Werkzeug von einem kleinen Lastauto. Nauka zupfte Pimmi am Rock und kroch langsam rückwärts.

Doch da fuhr Pimmi plötzlich hoch, schrie: »Macki!« und stürzte auf ein Gebüsch zu. Sie kümmerte sich nicht um die Männer, und auch um Nauka kümmerte sie sich nicht. Die lief ihr nach und wollte sie pakken. Pimmi griff in ein Weidengebüsch, stopfte etwas vorn in ihr Kleid und rannte zurück zu Nauka. Sie liefen den breiten Waldweg hinunter. Die Männer lachten hinter ihnen her. Naukas Rock war noch naß von Tau und klatschte ihr um die Beine, der Beutel tanzte auf ihrem Rücken, und Puppe Saras harter Kopf schlug ihr bei jedem Schritt und Sprung an die Hüfte. Nauka war ärgerlich. Doch davon merkte Pimmi nichts. Sie hielt im Laufen beide Hände vor die Brust und lachte glucksend und japsend.

Sie fanden einen Seitenpfad, rannten hinunter und einen anderen wieder hinauf, sie sprangen über Wurzeln und Steine und schlugen Haken und Bogen wie flüchtende Hasen.

Endlich, in einem dunklen Tannenschlag, hielten sie an und lauschten. Ganz still war es hier, weit weg lag der Steinbruch mit den fremden Männern.

»Mau! Maa-u!« machte etwas unter Pimmis Kleid. Sie hatte Macki gefunden, das Kätzchen mit den drei weißen Pfoten!
Nauka ließ sich auf den weichen Tannennadelboden fallen und zog Pimmi auf ihren Schoß. Sie wiegte das Schwesterchen in den Armen und lachte und lachte.
»Wir müssen ein Fest feiern, Nauka«, sagte Pimmi und bohrte ihren Kopf in Naukas Halsgrube. »Und Macki muß Wurst bekommen. Bestimmt hat sie großen Hunger. Ich auch, Nauka, ich hab Hunger!«
War es nicht die rechte Stunde, um ein Fest zu feiern? Sie hatten Sara gefunden, und sie hatten Macki gefunden. Dies war ein Tag mit freundlichen Zeichen. Alles würde wieder gut werden. Und es wäre doch eine Sünde und eine große Undankbarkeit, wenn man die guten Stunden und Tage nicht feierte und ehrte mit einem Fest!
Sie gingen noch ein Stück weiter, bis zu einem Bach. Sie fanden eine kleine sandige Bucht, weit abseits von allen Wegen, mitten im Wald unter Büschen und Bäumen. Hier wollten sie bleiben. Denn es ist auch wichtig, daß man den richtigen Platz findet, wenn man ein Fest feiern will.
Pimmi machte sofort Annas Paket auf, und auf schön geglätteten Papieren breitete sie Brot, Wurst und Kuchen aus. Denn gutes Essen gehört doch auch dazu, wenn man ein Fest feiern will. Vor allem aber muß man einen Menschen bei sich haben, mit dem man alles teilen kann: Die gute Stunde, die Freude und die Mahlzeit. Dann wird die eilige Zeit stille stehn, solange das Fest dauert. Das hatte Mara-Mami gesagt.
Pimmi kraulte das Kätzchen. »Ich weiß, wer dir gesagt hat, daß du auf mich warten sollst«, sagte sie.
»Wer?« fragte Nauka.
»Panelon, Großonkel Panelon, bestimmt. Redet er nicht auch mit Ringelblume, und sie versteht ihn? Er kann auch mit den Kindern sprechen, und er versteht immer, was sie meinen. Manchmal spricht er auch mit dem Mond oder mit dem Wind, und sie geben ihm Antwort.«
Nauka nickte. Zwischen dem alten Panelon und Pimmi gab es eine besondere Freundschaft. Von allen Männern und Frauen und Kindern der Sippe verstand Pimmi am besten die seltsamen Umwege, die Panelons Gedanken gingen. Und wenn seine große Traurigkeit kam, dann

konnte niemand ihn so gut trösten wie Pimmi, noch nicht einmal die weise alte Mara-Mami, die doch seine Schwester war und fast alles wußte.
»Wenn Mateo dein Mann ist«, sagte Pimmi, »dann will ich Panelon heiraten und immer mit euch im kleinen Wagen fahren.«
Nauka lachte. »O Pimmi! Er ist doch ein alter Mann, noch älter als Mara-Mami. Und du bist ein kleines Mädchen.«
Dann wurde sie rot und zupfte an Puppe Saras Kleid. Noch nie hatte sie mit Mateo ein anderes Wort gesprochen als mit den Söhnen von Tante Jerika oder mit den Onkeln. Wie wäre das auch erlaubt gewesen, solange nicht Vater Tino und Onkel Panelon miteinander über Nauka und Mateo gesprochen hatten?
Aber vielleicht sollte Sara ihr jetzt eine geheime Botschaft von Mateo bringen? Und Naukas Gedanken fragten die Puppe: Was sollst du mir sagen, du Schöne? Vorsichtig nahm Nauka sie hoch und spielte mit den Drähten und Fäden. Rote Seidenbänder schenkten die Verlobten ihren Mädchen, rote Bänder, in die Zöpfe zu flechten beim Fest und beim Tanz. Und Nauka lächelte, und Pimmi sah sie von der Seite an und seufzte laut, weil sie merkte, daß Nauka jetzt gar nicht an die kleine Schwester dachte.
So laut seufzte sie, daß Nauka endlich ihre Gedanken zurückrief. Sie summte eine alte Melodie und ließ die Puppe Sara an den Drähten und Fäden tanzen. Nauka sang:

»Ay, ay, ay-a!
Ay, ay, ay!
Weich wie Seide,
blaue Seide,
weht ein Wind,
ein Wind von Westen.
Hab kein Haus, kein Dach, kein Bettchen,
hab kein Pferdchen, keinen Wagen,
hab kein Feuer und kein Pfännchen –
ay, ay, ay-a!
Für die kleine Schwester.«

Pimmi lachte und klatschte mit den Händen den Takt, und die schöne

Puppe Sara tanzte mit stampfenden Füßchen.
Nauka sang weiter:

»Ay, ay, ay-a!
Ay, ay, ay!
Kühl wie Seide,
weiße Seide,
weht ein Wind,
ein Wind von Norden!
Schwarze Schatten, graue Steine,
sagt, wo sind die bunten Wagen?
Sagt den Weg und sagt die Straße –
ay, ay, ay-a!
Für die kleine Schwester.«

»Wie schön!« rief Pimmi. Sie fand auch traurige Lieder schön. »Weiter, Sara, weiter!« Denn konnte man sagen, ob es Nauka war oder Sara, die da sang und tanzte?

»Ay, ay, ay-a!
Ay, ay, ay!
Leicht wie Seide,
grüne Seide,
weht ein Wind,
ein Wind von Osten.
Bei den grünen, grünen Wassern
will ich tanzen, will ich singen!
hab doch Kuchen noch im Beutel –
ay, ay, ay-a!
Für die kleine Schwester.«

Macki, das Kätzchen, hatte bis jetzt noch still in Pimmis Schoß gelegen. Als aber nun Sara und ihre kleinen Hände im Takt auf- und niederfuhren, da sprang Macki mit einem Satz auf die Puppe zu. Sie stellte sich auf die Hinterbeine und haschte mit den Pfoten nach dem lustigen Ding. Aber Nauka ließ Sara immer wieder davongleiten. So mußte auch Macki nun tänzeln und springen. Fast sah es so aus, als tanzten die beiden miteinander. Pimmi lachte, und Nauka sang:

»Ay, ay, ay-a!
Ay, ay, ay!
Schön wie Seide,
rote Seide,
weht ein Wind,
ein Wind von Süden.
Sonne, Mond und goldne Sterne
führen uns zu unsern Wagen!
Pflück' ich roten Mohn am Wege –
ay, ay, ay-a!
Für die kleine Schwester!«

»Weiter, Nauka, weiter!« rief Pimmi.

Nauka sah zum Himmel. Die Sonne stand schon hoch, es mußte Mittag sein. Eilig packten sie alles zusammen.

Am liebsten wären sie immer auf den stillen Waldwegen geblieben, wo ihnen nur selten jemand begegnete. Aber am späten Nachmittag mußten sie doch ins Tal hinunter: Pimmi hatte sich am Morgen bei der Flucht aus dem Steinbruch einen Zeh blutig gestoßen. Nun humpelte und hopste sie, und Nauka sah, daß Pimmi Schmerzen hatte.

Sie kaufte im kleinen Dorfladen ein Pflaster. Und weil vom Deckchenverkaufen noch genug Geld in ihrer Rocktasche war, ließ Nauka sich auch einen kleinen Kochtopf, einen Blechlöffel, etwas Salz und eine Schachtel Streichhölzer geben. Am Ende hatte sie nur noch ein paar Kupferpfennige, aber das bekümmerte sie nicht. Noch hatten sie Brot und einen Zipfel Wurst, auch noch ein Stück Kuchen.

Der Mann im Laden war neugierig.

»Wo habt ihr eure Leute?« fragte er. »Ich dachte, jetzt wären keine Zigeuner mehr in der Gegend?«

»Dort!« sagte Nauka und wies in eine unbestimmte Richtung.

»Und wohin wollt ihr jetzt?«

Nauka hätte sagen können: Nach Otterau. Aber sie zeigte nach Norden und sagte: »Dorthin!«

»Hierhin – dorthin!« sagte der Mann. »Ihr habt es gut, ihr Zigeunervolk! Ihr laßt den lieben Gott für euch sorgen und fahrt einfach immer nur so durch die schöne Welt. Das könnte unsereinem auch gefallen.«

»Ja«, sagte Nauka, »wir lassen den lieben Gott für uns sorgen«, und ging mit Pimmi hinaus.
Draußen auf der Treppe zwinkerte Pimmi ihr zu und öffnete verstohlen die Faust: Ein blankes, neues Taschenmesser lag darin.
»Gefunden!« sagte Pimmi.
»O Pimmi!« rief Nauka. »Wir haben doch ein Messer in meinem Beutel! Und man darf doch nur dann etwas nehmen, wenn man sehr hungrig ist. Wie oft haben Mutter Savina und Mara-Mami dir das gesagt. Sofort bringst du das Messer zurück.«
»Zwei Klingen, ein Korkenzieher und eine kleine Schere«, murmelte Pimmi. »Eine winzige Schere zum Aufklappen.«
»Du bringst es zurück.«
»Er ist doch ein Fremder, der Mann. Und er hat gar nicht freundlich gesprochen.«
Nauka nahm Pimmis Hand und ging mit ihr in den Laden zurück. Sie kaufte Bonbons für die letzten Pfennige, und als sie aus dem Laden ging, lag das Messer wieder auf seinem Platz. Pimmi sah es mit einem langen, traurigen Abschiedsblick an. Natürlich ahnte der Mann im Laden nicht, weshalb sie so bekümmert aussah, und weil er im Grunde doch freundlich war, warf er nun Pimmi noch ein Bonbon zu.
»Da! Fang auf, Kleine!«
Pimmi tat, als sähe und hörte sie nichts. Nauka mußte sich bücken.
»Von dem will ich nichts geschenkt haben«, sagte Pimmi, als sie wieder auf der Straße waren.
Draußen vor dem Dorf setzten sie sich an den Grabenrand. Nauka pflückte saftige Wegerichblätter, kaute sie und strich den grünen Brei auf Pimmis Wunde. Dann wurde das rosa Pflaster darübergeklebt, und das Ganze sah so wunderbar aus, daß Pimmi ihren Fuß stolz in die Luft streckte. Sie hatte aber wenig Lust, gleich wieder weiterzuwandern und stöhnte ein bißchen und überredete Nauka, noch sitzen zu bleiben.
Sie teilten sich das letzte Kuchenstück, lutschten die Bonbons und betrachteten den neuen Kochtopf, den Löffel und ihre anderen Einkäufe. Heute konnten sie Otterau doch nicht mehr erreichen. Eigentlich gefiel es ihnen jetzt auch schon recht gut, so allein zu wandern. Sogar Nauka machte sich keine Sorgen mehr. Sie spielte mit Sara und

flocht ihren dicken schwarzen Zopf. Weil Pimmi so sehr bettelte, ließ sie die Puppe auch wieder tanzen und sang dazu das Lied von den vier Winden.
Manchmal fuhren Wagen und Autos vorüber, aber die Kinder kümmerten sich nicht um die Leute, die sich nach ihnen umdrehten.
Da fiel plötzlich ein breiter Schatten über die tanzende Sara, und ein Mann sagte:
»Wie schön! Eine wunderbare Marionette habt ihr da!«
Nauka wurde rot, weil er ihr Lied gehört haben mußte, und sie antwortete ihm nicht. Sie sah aber, daß er ein freundlicher Mann war, nicht neugierig und nicht hochmütig wie die Fremden so oft.
»Wollen Sie nicht weitersingen?«
Nauka schüttelte den Kopf.
Pimmi stieß sie an: »Sing doch! Vielleicht gibt er uns Geld dafür!« flüsterte sie.
Nauka tat, als hätte sie nichts gehört und steckte Sara in den Beutel.
Der Mann tat auch, als hätte er nichts gehört, und betrachtete Pimmis Fuß mit dem rosa-grünen Zeh.
»Was ist das?« fragte er.
»Ein Verband!« sagte Pimmi stolz. »Nauka hat ihn gemacht.«
»Und was für ein Grünzeug haben Sie dem Kind da aufgeklebt?«
Nauka ärgerte sich, weil er »Grünzeug« sagte. Wegerich war eine wunderbare Pflanze. Was verstanden die Fremden schon von den Heilkräutern? Nicht halb soviel, wie jedes Zigeunermädchen schon mit zehn Jahren wissen mußte.
Aber Nauka freute sich auch, weil der Mann »Sie« zu ihr sagte. So redeten die Fremden nur mit erwachsenen Frauen. Er hatte also gesehen, daß sie bald alt genug war, um zu heiraten. Deshalb antwortete sie ihm nun doch und sagte:
»Wegerich, breiten und spitzen.«
»Ist die Wunde tief?«
»Sehr!« rief Pimmi und ließ ihre schwarzen Augen rollen. »Und es tut gräßlich weh! Und ich bin ein armes, kleines Zigeunermädchen, und wir wissen nicht, wo unsere Eltern sind, und wir müssen ganz allein durch die weite Welt wandern, und so arm sind wir und so hungrig. Ach bitte, lieber Mann, schenken Sie uns . . .«

»Pfui, Pimmi!« flüsterte Nauka. »Du bettelst wie Tutta.«
»Aber es ist doch wahr! Zum Steinbruch sind wir gekommen, weg waren die Wagen, weg waren Mutter und Vater.«
»Oh!« sagte der Mann. Und er fragte Nauka: »Wissen Sie wirklich nicht, wo Ihre Leute sind? Gehören Sie zu den Zigeunern, die man aus dem Gerlauer Steinbruch vertrieben hat?«
»Ja«, sagte Nauka. Sie wollte Pimmi hochziehen, die aber zeterte:
»Ich kann doch nicht! Es tut doch so weh!«
»Warte, ich hole dir etwas aus meinem Auto!« sagte der Mann und lief schon.
»Sofort stehst du auf!« befahl Nauka.
Doch Pimmi rührte sich nicht. »Er bringt etwas, schau, er bringt etwas«, flüsterte sie.
Mit einer großen schwarzen Tasche kam der Mann zurück.
»Ich bin Arzt«, sagte er zu Nauka. »Doktor. Lassen Sie mich die Wunde versorgen. Bestimmt ist Straßendreck hineingekommen.«
Schon hatte er mit einem Ruck das Pflaster weggerissen. Pimmi brüllte und stieß mit dem Fuß nach dem Doktor. Der schüttete aus einem Fläschchen eine braune Flüssigkeit über die Wunde. Pimmi schrie: »Er verbrennt mich, Nauka, er verbrennt mich!« Nauka sagte ärgerlich: »Du bist ein Zigeunerkind. Du heulst wie ein Dorfköter, pfui!«
Da biß Pimmi sich auf die Lippen und hielt still. Sie bekam einen neuen Verband, einen schneeweißen, der wieder mit einem rosa Pflaster verklebt wurde. Und der Doktor versprach ihr eine Mark, eine ganze, eine blanke, eine silberne Mark! Soviel Geld war schon eine Menge Schmerzen und Geschrei wert, fand Pimmi.
Während der Doktor Verbandszeug, Fläschchen und Schere in seine Tasche räumte, sagte er:
»Ich nehme an, daß Sie zu Ihren Leuten noch Otterau wollen? Wenn ich hier im Dorf meine Krankenbesuche gemacht habe, könnte ich Sie im Auto mitnehmen. Am besten bringe ich Sie in Otterau zur Polizeiwache. Dort kann man ihnen sagen . . .«
Weiter kam er nicht.
»Nein!« schrie Pimmi. »Nein! Nein!« und sprang über den Graben. Sie ließ Nauka, Macki und die blanke Mark im Stich, lief blitzschnell auf allen vieren über die Böschung und rannte humpelnd, hüpfend

und stolpernd quer durch den Acker den Berg hinauf.
»Komm schnell, Nauka, komm!« rief sie.
»Ja, aber ..., ich wollte doch ...«, stotterte der Doktor.
Nauka hatte schon Macki zu Sara in den Beutel gestopft. »Vielen Dank. Sie sind ein guter Mann, und Gott soll Sie segnen. Aber das hätten Sie nicht sagen sollen, das von der Polizei!« rief sie und rannte hinter Pimmi her. Die würde nun laufen und laufen und nicht eher stille stehen, bis man sie festhielt.
»Nein, das hätte ich nicht sagen sollen«, murmelte der Doktor und sah ihnen kopfschüttelnd nach. Die Große würde doch wohl vernünftig sein und mit dem Kind zurückkommen?
Lange wartete er am Straßenrand. Er ging zu seinem Auto, hupte und wartete wieder. Schließlich stieg er ein Stückweit den Hang hinauf und rief:
»Pimmi! Nauka! Wo seid ihr? Kommt zurück! Keine Polizei, nein, keine Polizei!«
Niemand antwortete ihm. Ein Bauer kam mit der Hacke auf der Schulter den Weg herunter. Den fragte der Doktor, ob ihm zwei Zigeunermädchen begegnet seien? Aber der Mann lachte nur und sagte: Wenn solch ein schwarzes Weibsbild verschwinden will, dann verschwindet es. In Luft können sie sich auflösen, – so: Pfft! Und weg sind sie.«
Also wischte der Doktor sich den Schweiß von Stirn und Nacken und machte sich auf den Rückweg.
Pimmi und Nauka aber hockten eng umschlungen hinter einem Haselbusch und kicherten.
»Pfft!« machte Pimmi. »Pfft! Und weg sind sie!«
Als das Doktorauto unten abgefahren war, wanderten sie weiter. Bald kamen sie auf einen freien Bergrücken. Links und rechts lagen unter ihnen in den Tälern die Dörfer mit ihren roten und grauen Dächern unter den breitästigen Bäumen. Wäsche flatterte auf den Hauswiesen, bunt blühte es in den Gärten. Hier und da stieg schon blauer Herdrauch aus den Kaminen. Nauka und Pimmi gingen oben in der Herbstsonne. Brauchten sie denn ein Auto, um nach Otterau zu kommen? Was tat es, wenn sie einen Tag länger unterwegs waren? Nauka dachte: »Schnell, schnell, nur immer schneller wollen diese Fremden vom Fleck kommen. Wir Zigeuner haben Zeit, viel Zeit. Jede Stunde und

jeden Tag schenkt uns Gott ja neue Zeit dazu, solange es ihm gefällt. Und wenn unsere Zeit auf Erden verbraucht ist, gehen wir fort in das Land der Seelen, und dort hört die Zeit niemals auf. Warum sollen wir uns beeilen?«

Sie fanden ein Feld mit Kartoffeln, und sie nahmen sich so viele, wie sie für ein Nachtmahl brauchten, nicht mehr. Sie fanden auch am Rand eines anderen Feldes Bohnen und Mohrrüben und Kohl. Auch davon nahmen sie nicht mehr als sie brauchten.

»Liebe Leute«, sagte Pimmi.

»Gott soll sie segnen«, sagte Nauka. Und das war doch eine gute Bezahlung für ein paar Kartoffeln und eine Handvoll Gemüse? Sie fanden auch ein Dach für die Nacht, so gut wie die Dächer im Tal: Ein Schober mit Heu stand dort, wo wieder der Hochwald begann. Die Stelle war windgeschützt, auch Wasser gab es in der Nähe. Das war nur ein dünnes Rinnsal, aber ein bißchen Sand und Lehm schadeten der Suppe nicht. Bald brodelte sie im Töpfchen über dem Reisigfeuer.

Was brauchten sie mehr? Sie waren beieinander, sie hatten ein Feuer, das böse Geister verscheuchen würde, sie hatten im Topf eine Suppe und noch Salz im Beutel.

Aber Nauka war still und nachdenklich. Beim Auspacken hatte sie gemerkt, daß Saras rotes Haarband fehlte. Ob das etwas Schlimmes bedeuten konnte?

Auch Pimmi war still. So aßen sie schweigend, und als Macki den Suppenrest aus dem Töpfchen geleckt hatte, warf Nauka feuchte Erde über das Feuer und wühlte eine warme Schlafhöhle für sie beide ins Heu. Sie lagen nebeneinander und sahen in den Nachthimmel. »Wo ist der Mond?« fragte Pimmi.

»Hinter dem Wald«, sagte Nauka. »Dort, wo die Wagen sind.«

»Mond! Mond! Mond!« murmelte Pimmi. »Ich wünsch mir einen Wagen. Ich wünsch mir ein Pferd dazu, damit ich fahren kann.«

»Hast du schlimme Schmerzen in deinem Fuß?« fragte Nauka erschrocken.

»Nein«, sagte Pimmi. »Nein! Kein bißchen!« Denn es war ja dunkel, und Nauka konnte nicht sehen, daß Pimmis Augen so ängstlich schielten, wie immer, wenn Pimmi log.

Zu dieser Stunde fuhr unten an der Landstraße ein zweirädiger Karren

vorüber. Ein müder, alter Gaul zog ihn. Wo das Dorf anfing, gerade dort, wo Nauka und Pimmi am Straßenrand gesessen hatten, hielt er an. Ein alter Mann mit grauwolligem Bart kletterte vom Kutschbock. »Hier wollen wir bleiben, Ringelblume«, sagte er und führte das Pferd am Zügel in einen Feldweg. So war sein Nachtlager nicht zu nahe beim Dorf und nicht zu weit davon entfernt. Manchmal kam in der Nacht seine große Traurigkeit über ihn, und dann hatte er gern andere Menschen in der Nähe, mochten das auch Fremde sein. So gut es ging, suchte er bei der halben Dunkelheit einen Weideplatz für das Pferd und verknotete den Zügel lose an einem Apfelbaum.
Doch gerade, als er zum Schlafen unter die Plane kriechen wollte, wehte der Wind ihm etwas zu, etwas rot Leuchtendes. Mit dem Fuß hielt er das flatternde Ding fest. Wer kann wissen, was der Wind meint, wenn er einem alten Mann etwas vor die Füße trägt?
Dies war nur ein kleines Stück rotes Seidenband, wie die Mädchen es gern in den Zöpfen tragen. Im Knoten steckte noch ein steifes schwarzes Haar. Und soviel konnte der alte Panelon auch im Dunkeln erkennen, daß dies ein Haar von Ringelblumes Schwanz war, ein Haar also vom Kopf der Puppe Sara!
Er schob den Schlapphut von vorn nach hinten, von hinten nach vorn, und am Ende wußte er, was der Wind meinte: Die Puppe, die gestern noch im Steinbruch gesessen hatte, weil Mateo sie vor seinen Augen dort in den Felsen zurückließ, diese Sara-Puppe mußte jetzt hier in der Nähe sein. Die Kinder hatten sie gefunden, und die Kinder waren hier mit ihr vorübergekommen.
Panelon nickte vor sich hin und lachte leise. Hatte er nicht recht gehabt, daß er vom Gefängnis aus gleich losgefahren war, ohne erst lange nach den Frauen zu suchen? Die wollten doch immer erst alles hin und her bereden. »Geh zu den Frauen«, hatten die Männer im Gefängnis gesagt. »Kauft eine Karte mit den Straßen und Wegen rings um Gerlau, ehe ihr die Kinder sucht.«
Das hatten Tino, Mateo, Jerko und sogar Bubala gesagt. Aber brauchte er, Panelon, etwa die Frauen oder eine umständliche Landkarte, in der er doch nicht lesen konnte? Papierzeug, genauso dumm wie die Autos, die keinen eigenen Willen hatten und keinen Verstand. Deshalb fuhren sie ja gegen Straßenbäume und knallten aufeinander.

Hatte schon jemals einer ein Pferd gegen einen Baum rennen sehen? Morgen würde er die verlorenen Kinder finden, morgen, die verlorenen Kinder ... die verlorenen ...
Plötzlich war es wieder wirr und dunkel in seinem Kopf. Was rief da? Seine Kinder, o großer Vater! Sie riefen ihn wieder. »Ich höre«, stöhnte er. »Ich höre euch, ja, ich höre, o baro dad, großer Vater, o Mutter Gottes, o heilige Sara, o Christus, junger Gott! Sie sollen schweigen.«
Er hielt sich die Ohren zu. Aber war er nicht schon einmal auf dieser Straße gefahren, schon einmal, nach Westen? Und sie waren zu einer Stelle gekommen, da gab es rote Felsen ...
Er ging zu Ringelblume und legte sein Gesicht in ihre Mähne. Die Stute wandte ihm den Kopf zu. Sie schnaubte zärtlich und versuchte, mit ihren langen, gelben Zähnen Panelons Bart zu fassen. Dann drängte sie ihn mit der Flanke beiseite, weil er mit seinen großen, schmutzigen Stiefeln gerade auf dem fettesten Grasfleck stand.
»Schon gut, Alte«, sagte Panelon. »Ich geh ja schon. Laß es dir gut schmecken, und gute Nacht, Ringelblume!«

Panelon und Ringelblume

Dunstig und kühl war der Morgen. Panelon saß auf der Wagendeichsel, kaute an einem Stück Brot und drehte das rote Band in den Händen. Gestern abend ... Was wollte gestern abend der Wind von ihm? Nun hatte er es ganz und gar vergessen.
Ringelblume graste weiter oben am Wegrand. Manchmal hob sie den Kopf und sah zu Panelon hinüber. Sie spürte immer, wenn er traurig war. Jetzt ging Unruhe von ihm aus, das störte sie. Als er nun aufstand und sie leise rief, tat sie so, als hätte sie nichts gehört, und fraß weiter. Er mußte lange schnalzen und endlich sogar hinter ihr herlaufen, bis er sie einschirren konnte. Zweimal schüttelte sie das Zaumzeug wieder ab und schnaubte ihm dabei ärgerlich ins Gesicht. Konnte er denn

nicht merken, daß sie noch nicht satt war?
Schließlich durfte er sie aber doch zur Straße hinunterführen. Panelon warf ihr das Leder über die Kruppe, hielt ihr ein Stück Zucker unter die Nase und flüsterte:
»Lauf, Ringelblume, mein Pferdchen! Nun lauf, wohin du willst! Zeig mir den Weg, meine Ringelblume!«
Sie machte nur die Lippen lang nach dem Zuckerstück. Doch Panelon zog die Hand zurück und flüsterte noch einmal, noch dringlicher:
»Du sollst laufen, den Weg sollst du mir zeigen, den Weg zu den roten Felsen, meine Alte!«
Ringelblume spürte wieder etwas von seiner großen Unruhe. Sie spitzte die Ohren und zog an. Nach links wendete sie das Wägelchen. Denn rechts lag das Dorf, und in allen Dörfern gab es Wirtshäuser, vor denen ein altes Pferd nicht gern wartete. Ringelblume hielt gar nichts von Dörfern und Wirtshäusern. Landstraßen mit Apfelbäumen und grünem Gras an den Grabenrändern waren ihr lieber. Deshalb fand sie, daß links die bessere Richtung sei.
Natürlich blieb Ringelblume nach ein paar Schritten wieder stehen und erwartete mit gierigen Augen und Lippen ihr Zuckerstück. Sie bekam es endlich, kaute langsam und schluckte das Sanfte und Süße.
»Nach Süden willst du also?« fragte Panelon. »Da geht es nach Otterau zurück, da ist das Gefängnis, und am Ende laufen wir dem Weibervolk in die Arme. Ich will aber zu den roten Felsen, hörst du? Seit gestern weiß ich es wieder. Und nie mehr bekommst du von mir das kleinste Stück Zucker, wenn dies der falsche Weg ist. Du hast einen Kopf, dreimal so groß wie meiner. Ich verlasse mich auf dich, meine Alte, hast du verstanden?«
Ringelblume trottete weiter. Panelon ging neben ihr her, biß ein großes Stück von seiner Kautabakrolle und spuckte von Zeit zu Zeit den Tabaksaft über die Schulter zurück. Denn Ringelblume konnte sehr böse werden, wenn ihr das stinkende braune Zeug vor die Hufe kam. Sie liebte Panelon, und alle Kraft in ihren alten Knochen, alle Sanftmut in ihrem guten Pferdeherzen und aller Verstand in ihrem Kopf gehörten ihm, aber wenn er sie vor den Wirtshäusern warten ließ, wenn er den Tabaksaft vor ihre Nase spuckte, oder auch wenn ihr in den Dörfern ein Kläffer zu nahe kam, dann wurde sie wild.

Allmählich schwanden die Nebel. Wohin? dachte Panelon. Wohin wohl zogen die Nebel, wenn sie aus den Tälern wichen? Gab es denn irgendwo ein Land, ganz voller Nebel, voller Dunst und Ungewißheit, eine Nebelheimat, trüb, grau und traurig? Oder krochen sie jeden Morgen in Panelons Kopf, die Nebelschwaden, schlichen sie am Ende durch seinen Mund, seine Nase, seine Augen und seine Ohren und nisteten dann hinter Panelons Stirn? Vielleicht mußte er sich deshalb immer wieder verirren auf seinen Gedankenwegen?
Die Sonne kam herauf, eine gute warme Herbstsonne. Doch sie brachte keine Klarheit in Panelons Kopf. Er war schon wieder müde, kletterte auf den Kutschbock und schlief bald ein.
Ringelblume merkte das, weil ihr der Zügel nun immer schlaffer und tiefer gegen die Flanken schlug. So war es ihr nur recht. Sie ging am rechten Straßenrand entlang, wo das schöne fette Gras wuchs. Behutsam, damit es keinen Ruck beim Halten gab, brachte sie den Karren zum Stehen, fraß sich satt, knabberte noch einen süßen Fallapfel und zockelte dann weiter. Panelon saß immer noch schnarchend auf seinem Platz. Trotzdem hielt Ringelblume vor dem gelben Ortsschild. Denn so hatte sie es gelernt: Wo eine Ortschaft anfing, mußte sie warten, bis Panelon im Dorf seine Löffel verkauft hatte.
Aber er rührte sich nicht, er schlief drei Dörfer weit, und Ringelblume setzte vor den Wirtshäusern die Hufe besonders leicht auf. So konnte sie endlich auch selbst eine Rast halten, ein kleines Schläfchen im Stehen, so gut es eben ging zwischen Deichsel und Geschirr.
Die Sonne stieg höher. Lastwagen ratterten vorbei, Bulldogs fuhren knatternd und puffend in die Felder und kehrten wieder zurück. Panelon schnarchte, Ringelblume blinzelte nur manchmal mit dem linken Auge und wechselte das Standbein. Sie war zufrieden mit diesem Tag. Doch plötzlich schreckte sie auf. Von fernher hatte sie ein Kinderlachen und ein »hü-hopp!« gehört. Ringelblume warf den Kopf zurück, hob die Nüstern in den Wind und riß an der Trense. Dabei plumpste nun aber der Karren mit dem rechten Rad in den Graben, und Panelon fiel hintenüber vom Kutschbrett mitten in seinen Hausrat unter der Plane, – in den wirren Haufen von Decken und Töpfen, Kleidern und Schnitzwerkzeugen. Wütend, mit rotem Kopf, tauchte er wieder auf.
»Teufelsweib!« schrie er. »Satansstute! Jedes Schwanzhaar sollte man

dir einzeln ausreißen, und gleich dreimal hintereinander, jedes Schwanzhaar! Kannst du einem alten Mann sein Morgenschläfchen nicht gönnen?«
Keuchend stemmte er den Karren aus dem Graben. Ringelblume half ihm dabei und zog kräftig an.

Oben auf dem Waldweg, der zwischen Büschen und Felsen neben der Straße herlief, trug Nauka das Schwesterchen auf dem Rücken. Sie schnaubte und stampfte dabei wie ein Pferd, und Pimmi mußte so sehr darüber lachen, daß sie für einen Augenblick die Schmerzen im Fuß vergaß.
Panelon hatte nicht so hellhörige Ohren wie seine Ringelblume, und die Kinder dort oben konnten den Karren, den alten Onkel und Ringelblume nicht sehen. So mußte Nauka weiterstapfen mit der kranken Pimmi auf dem Rücken, mit Sara und Macki im Lederbeutel, und auf der Straße unten trabte Ringelblume jetzt mit Panelon zum nächsten Dorf.
Das war nicht weit, und als Ringelblume diesmal am gelben Ortsschild anhielt, nahm Panelon den Pappkasten mit den Holzlöffeln. Er hatte die Stute an einen Gartenzaun gebunden. Dort wuchsen bunte Wikken, und Ringelblume hatte immer schon eine Vorliebe für Blumen. Sie schnupperte zuerst und fraß dann, was sich erreichen ließ. Inzwischen ging Panelon von Haus zu Haus.
Wollten die guten Leute hier Löffel kaufen? Feine Kochlöffel, Salatbestecke, Suppenkellen? Feine Löffel aus schneeweißem Ahornholz? Er hatte Glück. Eine alte Frau nahm ihm ein Salatbesteck ab und lud ihn obendrein noch zu Kaffee und trockenem Sonntagskuchen ein. Auf einem anderen Hof brauchte man einen neuen Kartoffelstampfer, und schließlich traf er noch ein Mädchen, das bald heiraten wollte und gleich drei Kochlöffel und einen Quirl für ihre Aussteuer aussuchte. Sie schenkte ihm sogar ein frisches Ei, das schlürfte Panelon schon vor der Haustür aus und warf die leere Schale in den Bach. Er blickte ihr nach, wie sie kreiselnd davonschwamm und klimperte lustig mit den vielen Groschen in seiner Jackentasche.
Doch was helfen Kaffee und ein Ei gegen den Durst, den ein alter Mann hat, wenn er länger als einen halben Tag unterwegs war? Aber

dort, am Ende der Straße stand Ringelblume, war fertig mit den Zaunwicken und sah ihm mit großen Augen entgegen. Nun scharrte sie auch noch mit dem rechten Huf, und Panelon wußte genau, was das hieß: Sie wollte weiterfahren, es war ihr zu sonnig an der Straße.
Panelon gab sich große Mühe, am Wirtshaus vorüberzukommen. Nur hätte dort das Fenster nicht offenstehen sollen. Denn jetzt bekam er im Vorübergehen das säuerlich-kühle Wirtshausrüchlein in die Nase und sah zwei Männer am Tisch sitzen, beide so alt und grau wie er selbst, und Apfelweingläser standen vor ihnen auf dem Tisch. Er konnte nicht mehr widerstehen.
Die beiden Männer im Gasthaus freuten sich, daß sie Gesellschaft bekamen. Was sie sich zu erzählen hatten, war längst gesagt. Sie sahen, daß Panelon ein Zigeuner war, aber sie waren zu alt für dumme Vorurteile und Feindschaften. Hier kam jemand, der ihnen die Langeweile vertreiben konnte. Deshalb riefen sie Panelon an ihren Tisch und bestellten auch für ihn ein Viertel Apfelwein.
Panelon hielt mit der Hand seine klimpernde Tasche fest. Brauchten sie zu merken, daß er genug Geld hatte, um seine Zeche selbst zu bezahlen? Trotzdem wollte er nicht ohne Gegengabe ihr Gast sein. Denn es ist altes Zigeunergesetz, daß man für alles bezahlen soll, nur muß das ja nicht immer mit Geld geschehen. Nauka hatte für Gemüse und Kartoffeln freundliche Segenswünsche gegeben, Panelon bezahlte jetzt mit schnurrigen und unglaublichen Geschichten.
War er nicht schon weit herumgekommen, in vielen fremden und seltsamen Ländern gewesen? In Taraskonien zum Beispiel! Da kletterten die Leute nicht erst in die Bäume, um Äpfel zu pflücken, wie hier, o nein! Sie fuhren nur mit einem strohgepolsterten Wagen unter den Zweigen her, bliesen dazu auf einer Flöte aus Apfelbaumholz ein besonderes Lied, Apfellied genannt, und schon purzelte der ganze Segen von selbst ins Stroh! Oder eben doch nicht von selbst: Der Apfelgeist war es, der sie lockte. Mit den Pflaumen, den Birnen, den Mirabellen und Aprikosen und Pfirsichen machten sie es ebenso. Natürlich brauchten sie eine Menge verschiedener Flöten und mußten es auch gut verstehen, das Pflaumen-, Birnen-, Aprikosen- oder Mirabellenlied recht zu blasen. Denn wer zu stark pustete, dem konnte es ganz gehörig auf den Kopf prasseln, oder wer sich nicht genug anstrengte,

der mußte damit rechnen, daß die schönsten Früchte einfach nicht gehorchten und in den Zweigen hängenblieben. Es gehörte eben viel Kunst und Verstand dazu, aber den hatten die Leute in Taraskonien.
Die Männer lachten und meinten, dem Panelon sei wohl schon jetzt der Apfelwein etwas zu hoch in den Kopf gestiegen? Aber sie bestellten gleich ein neues Glas für ihn und wollten noch mehr hören.
Und Panelon erzählte ihnen von den spanischen Hunden, die so stolz waren, daß sie nur noch auf den Hinterbeinen liefen, und wenn man ihnen auf der Straße nicht höflich Platz machte, warfen sie einem so bitterböse Hundeblicke zu, daß man vor Schrecken ganz krank davon werden konnte. Zum Beißen waren sie natürlich zu vornehm, was ein Glück war für den, der sich mit spanischen Hundesitten nicht auskannte.
Überhaupt, die Tiere waren ja viel klüger als die Menschen. Die guten Freunde hier am Tisch brauchten nur bis zum Ende der Straße zu gehen und Panelons Ringelblume anzuschauen. Jetzt war sie alt, aber früher, als sie noch ein berühmtes Zirkuspferd war, da konnte sie rechnen wie ein Schullehrer, das ganze kleine Einmaleins vorwärts und rückwärts und das große kreuz und quer! Jetzt konnte sie nur noch ein bißchen singen, aber nicht mehr so schön wie in ihren jungen Jahren.
»Hoffentlich hat sie nicht gemerkt, daß ich hier hereingeschlichen bin«, sagte Panelon. »Sonst schimpft sie nachher mit mir. Und so ein wütender Gaul, der kann einem das Leben schon sauer machen!« Er seufzte und hielt sein leeres Glas gegen das Licht.
Die Männer sorgten dafür, daß der Wirt es wieder füllte. Panelon grinste vergnügt, zog eine kleine Schere und ein Stück schwarzes Papier aus der Tasche, faltete das Papier und schnitt einen Kopf aus.
»Das ist ja der Heiner!« riefen die Männer und der Wirt.
»Soll ich das sein?«
»Der Heiner mit seiner Knollennase, und gleich doppelt!«
Sie lachten, daß die Wirtsstube dröhnte und legten die beiden Heiner-Gesichter auf den Tisch, daß Knollennase sich an Knollennase rieb.
Inzwischen hatte Panelon auch schon einen doppelten Adam aus schwarzem Papier geschnippelt.
»Der Adam, wie er leibt und lebt! Das spitze Kinn und die fransigen Augenbrauen!«

Auch der Wirt kam noch an die Reihe und seine Frau, die an der Küchentür stand, und endlich seine beiden kleinen Söhne. »Du bist ein Künstler! Ein ganz großer Künstler bist du!« riefen die Männer, schlugen ihm auf die Schulter und bestellten neuen Wein.
Aber jetzt wurde Panelon plötzlich ernst. Er schnitt einen Frauenkopf aus, hielt ihn gegen das Licht, zerknüllte das Papier und begann von neuem.
»Wer ist das?« fragten die anderen. Er antwortete nicht.
»Soll ich das vielleicht wieder sein?« fragte die Wirtin und kam näher.
Da fuhr er sie wütend an: »Du? Dumme Trine – du? Geh weg, sonst schneide ich dir eine Fratze mit sieben Warzen auf der Nase!«
»He, Zigeuner! Wenn du frech werden willst, fliegst du raus!« rief der Wirt.
Aber nun sahen alle, daß Panelon weinte. Er steckte Schere und Papier weg und schob das Glas fort.
»Meine Parni!« flüsterte er. »Wißt ihr denn nicht, wo meine Parni ist? Ich muß fort, die roten Felsen muß ich suchen und die verlorenen Kinder.«
Er legte den Kopf auf den Tisch und weinte.
Stumm sahen die anderen sich an. Die kleinen Jungen rutschten verlegen von der Bank und liefen nach draußen.
»Der Wein ist ihm nicht bekommen«, meinte der Wirt.
»Die verlorenen Kinder bei den roten Felsen«, flüsterte Panelon.
In diesem Augenblick geschah zweierlei:
Ringelblume streckte ihren Kopf durch das offene Fenster und wieherte gellend. Sie hatte den Zügel durchgebissen und war zum Wirtshaus gelaufen. Sie wußte, wo ihr Herr zu finden war, wenn er sie allzulange warten ließ.
Und gleichzeitig riefen die Jungen draußen: »Die Kinder sind hier! Sie haben eine Puppe, die kann tanzen!«
Panelon hörte nichts davon. »Meine Parni«, murmelte er. »Meine verlorenen Kinder.«
Die Männer rüttelten ihn. »Was flennst du denn? Die Kinder sind doch draußen, dummer Kerl! Und dein Gaul, deine Ringelblume, ist auch da.«
»Ringelblume?« fragte Panelon und hob den Kopf. »Ach so, ja. Ich

komme schon, Alte.« Steifbeinig stand er auf und machte eine tiefe Verbeugung.

»Ich danke den guten Leuten. Gottes Segen für euch alle! Und denkt noch manchmal an den alten Panelon. Die bösen grauen Nebel sind in seinen Kopf gekrochen und haben Parnis Gesicht gestohlen. Gottes Segen für euch, Gottes Segen.«

Rückwärts ging er zur Tür, mit vielen Verbeugungen.

»Er ist krank!« flüsterte die Wirtin. »Lauft, holt die Kinder. Man kann ihn jetzt nicht allein fortgehen lassen.«

»Da sind sie ja«, sagte Adam. Denn hinter Panelon standen Pimmi und Nauka in der Gaststubentür.

»Panelon!« riefen sie. »Onkelchen Panelon! Wir haben Ringelblume gesehen, und da . . .«

»Ach, ihr seid hier?« fragte Panelon und wischte sich über die Stirn. »Ja, ich komme schon. Habe nur gerade einen Schluck getrunken. Komme schon.«

Er streichelte Pimmis Kopf und nickte Nauka freundlich zu.

Daß er die beiden hier traf, wunderte ihn jetzt nicht.

»Dann ist ja alles gut«, sagte Heiner. Und weil er sah, wie erhitzt und müde die Kinder waren, lud er sie ein, auf seine Kosten eine Limonade zu trinken.

»O ja!« rief Pimmi. »Ich bin nämlich sehr krank, und Nauka hat mich tragen müssen.«

Aber Panelon stampfte plötzlich wütend mit dem Fuß und befahl: »Marsch, geht zu euren Eltern! Ich will von der Weibersippe nichts mehr wissen! Ich muß die roten Felsen suchen und die verlorenen Kinder. Hab keine Zeit mehr.«

»Sowas!« rief der Wirt. »Erst setzt er sich zwei Stunden hierher und läßt sich freihalten und macht es sich gemütlich, und dann gönnt er den Kindern keinen Schluck Limonade. Da, setzt euch, ihr beide. Hier im Haus habe ich zu befehlen, du alter Gauner.« Und die Wirtin, die Jungen und die alten Männer riefen: »Wo hast du denn deinen Verstand? Hier sind sie doch, die Kinder! Rabenonkel, hier sind sie doch!«

»Nein«, sagte Nauka leise, »wir sind es nicht. Onkel Panelon ist krank in seinem Kopf, und er sucht andere Kinder, seinen eigenen Kinder.«

Sie nahm Panelons Arm und führte ihn hinaus. Pimmi trank hastig

zwei Gläser Limonade. Dann nahm sie eine Tüte Salzbrezeln aus dem Ständer auf dem Tisch, knickste, sagte freundlich »Vielen Dank und Gottes Segen!« und humpelte nach draußen.
Dort standen jetzt viele Leute um den Planwagen. Nauka verknotete Ringelblumes Zügel und überredete Panelon, sich hinten im Wagen auf seinen Strohsack zu legen.
»Zu den roten Felsen, zu den roten Felsen! Wehe dir, Mädchen, wenn du mich nicht zu den roten Felsen bringst!« rief Panelon. »Schon gut, Panelon, ja«, sagte Nauka. Sie hob Pimmi auf den Kutschbock und gab ihr die Zügel. Ringelblume verstand, daß sie heute Nauka gehorchen mußte und ließ sich von ihr die Dorfstraße hinunterführen.
Bis zu den letzten Häusern liefen die Kinder ihnen nach und unterhielten sich laut und mit viel Gelächter über Ringelblumes staksige Hüftknochen, über den merkwürdigen Wagen, der nur zwei Räder hatte, und über Naukas langen Rock.
»Ihr fahrt wohl den ganzen Tag nur spazieren, ihr Zigeuner?« fragte ein Junge.
Nauka antwortete ihm nicht.
»Sei vorsichtig, Walter«, sagte ein Mädchen. »Die können hexen.«
»I, die sind doch nur faul und wollen nicht arbeiten!« rief ein anderer Junge. »Bettelvolk ist das, dreckiges Lumpenpack. Vor denen hab ich keine Angst.«
Nauka ging keinen Schritt schneller. Nur einmal sah sie sich nach Pimmi um und befahl ihr mit den Augen, still zu bleiben.
»Laßt sie doch. Sie sind Kinder wie wir«, sagte ein großes Mädchen.
Nun waren sie am letzten Haus vorüber, und die Kinder blieben zurück. Doch da fing einer hinter ihnen zu singen an:

»Zi-za-Zigeunerfrau!«

und alle fielen ein:

»Hat zwei Röcke rot und blau!
Gib ihr nicht zu wenig,
schenk ihr einen Pfennig,
heck-meck,
Katzendreck,
stiehlt die kleinen Kinder weg!«

Das war zuviel für Pimmi. Sie beugte sich weit aus dem Wagen, streckte die Zunge heraus und kreischte:
»Gadsche-Kinder, freche! Der Teufel soll euch holen! Ich sag's ihm! Hu!« Dann weinte sie plötzlich laut auf und rief: »Aber es ist doch nicht wahr! Es ist doch nicht wahr!«
Nauka hielt Ringelblume an und lief zu Pimmi, streichelte sie und sagte: »Still, still, mein Schwesterchen. Nein, es ist nicht wahr.«
»Aber warum dürfen sie es sagen?«
»Wir sind wie die schwarzen Krähen; man jagt uns«, sagte Nauka.
»Ich verwünsche sie alle!«
»Pst, Pimmi! Das darfst du nicht. Die bösen Wünsche kommen zu uns zurück. Sie trinken unser Blut bei der Nacht und machen uns krank.«
»Dann will ich krank werden, damit sie verwünscht sind!«
»Hast du das Mädchen Anna vergessen? Und die Leute im Gasthaus wollten uns Limonade schenken. Die Kinder sind doch nur dumm.«
»So entsetzlich dumm, daß man sie verwünschen muß. – Aber die Leute im Gasthaus waren gut. Und die Limonade habe ich ausgetrunken. Du wolltest sie ja nicht. Ich habe auch etwas dort auf dem Tisch gefunden, schau, niedliche kleine Brezeln!«
»Gefunden und mitgenommen?« fragte Nauka erschrocken.
»Alle haben es gesehen und nichts gesagt. Ich habe ihnen auch Gottes Segen gewünscht.«
»Du solltest auch den Kindern Gottes Segen wünschen, damit deine bösen Wünsche nicht bei uns bleiben.«
»Meinst du, sie können vielleicht aus Versehen auch bei dir bleiben oder bei Panelon? Oder bei Ringelblume oder bei Macki?«
»Wer kann wissen, was die bösen Wünsche tun, wenn wir sie erst einmal herausgelassen haben aus unseren Herzen?«
Nachdenklich betrachtete Pimmi ihren verbundenen Fuß. »Meinst du, Ringelblume könnte vielleicht lahm davon werden?«
»Vielleicht.«
»Oder Panelon bleibt immer traurig?«
»Man kann es nicht wissen.«
Pimmi seufzte. »Sag mir etwas, damit diese Gadsche-Kinder mir leid tun. Sonst kann ich die bösen Wünsche nicht wieder zurückholen.«
»Sie könnten dir leid tun, weil sie so dumm sind.«

»Das genügt nicht.«
»Oder weil sie immer hier bleiben müssen. Sie wissen doch nicht, wie es ist, wenn man immer mit dem Wagen unterwegs ist. Sie kennen die fremden Länder nicht, und deshalb wissen sie auch nicht, wie es ist, wenn man überall fremd ist.«
»Müssen sie immer hier bei den Häusern bleiben, in diesem langweiligen Dorf?«
»Vielleicht dürfen sie einmal verreisen, aber nachher müssen sie wieder zurückkommen. Sie wohnen doch hier.«
»Wohnen ist nicht gut für die Leute«, sagte Pimmi. »Sie werden sauer davon.«
»Meinst du?« fragte Nauka.
Die Kinder waren nun wieder näher gekommen. Sie standen dicht beieinander und tuschelten. Pimmi schrie:
»Gott soll euch segnen, ihr armen Kinder, weil ihr so dumm seid, und weil ihr nicht mit dem Wagen fahren dürft. Gott soll euch wirklich und wahrhaftig segnen!« Dann schnalzte sie mit der Zunge, riß den Zügel hoch und rief: »Hü-hopp, Ringelblume!«
Nauka konnte gerade noch auf den Wagentritt springen.
»So!« sagte Pimmi zufrieden. »Jetzt können die bösen Wünsche sehen, wo sie bleiben. Bei uns sind sie bestimmt nicht mehr.«
»Bestimmt nicht«, sagte Nauka und lachte. Sie sprang ab und ging wieder neben dem Wagen her. Panelon hatte von alledem nichts gehört. Er lag auf seinem Strohsack und schlief.
Bald wurde auch Pimmi müde. Nauka half ihr, unter die Plane zu kriechen und deckte sie zu. Zum erstenmal jammerte Pimmi. Sie flüsterte Nauka zu, es poche und klopfe etwas in ihrem Fuß. Der war nun geschwollen und heiß. Nauka wußte gut, was das bedeutete. Sie riß einen Streifen von ihrem Unterrock, und sooft sie an einem fließenden Wasser vorüberkamen, machte sie einen kühlen Umschlag auf Pimmis Fuß. Dadurch kamen sie nur langsam vorwarts, und es wurde dunkel, bis sie in Otterau waren.
Die kleine Stadt lag schon leer und still. Die ersten Häuser, an denen sie vorüberkamen, waren Bauernhöfe. Die Hoftore waren jetzt für die Nacht verriegelt. Wen sollte Nauka fragen, wo hier die Zigeunerwagen standen?

Sie kam zum Marktplatz. In der violetten Dämmerung stand schwarz und massiv ein Backsteinbau. Er paßte nicht zu den hellen kleinen Häusern rings um den Platz. Nauka buchstabierte die Schrift über der breiten Tür mit den steinernen Stufen: »Amtsgericht«. Nun sah sie auch die vergitterten Fenster am Seitenbau. Sie hielt Ringelblume an. Sollte sie pfeifen? Sollte sie den Männern dort drinnen mit dem Käuzchenruf eine Botschaft geben? Aber drüben ging ein Mann über den Platz, blieb stehen und kam sogar ein paar Schritte auf sie zu. Nauka tat, als sähe sie ihn nicht. Neben dem Rathaus war ein Polizeirevier. Nur einen Augenblick zögerte Nauka, dann führte sie Ringelblume zum Marktbrunnen und machte dort den Zügel fest. Sie strich sich den Rock glatt.

Dreimal klopfte sie, ehe sie durch die Tür ging.

»Nanu!« sagte der Polizist hinter der hölzernen Schranke am Tisch. »Ich dachte, ihr wärt alle weg?«

Nauka blinzelte ins grelle Lampenlicht.

»Gehörst du zu der Bande aus Gerlau?«

»Ja, wir waren in Gerlau.«

»Dann weißt du ja Bescheid. Eure Mannskerle sitzen alle noch, nur den Alten haben wir freigelassen.«

»Ich weiß.«

»Was gibt es denn noch? Dich habe ich bis jetzt gar nicht gesehen.«

»Ich bin heute erst gekommen. Und ich wollte den Herrn fragen, wo die Wagen stehen.«

»Unser Bürgermeister gibt Zigeunern immer nur für zwei Tage die Aufenthaltsgenehmigung. Der letzte Wagen ist vor ein paar Stunden weggefahren.«

Nauka kreuzte die Arme über der Brust. Das hatte sie von der alten Mara gelernt. Zorn, Schrecken und unbedachte Worte sollte man festhalten. Leise fragte sie: »Sie sind alle fort, alle?«

»Aber ja! Das mußt du doch wissen, wenn du dazugehörst? Ihr trennt euch doch nie? Oder bist du von einer anderen Sippe?«

»Nein, Herr. Aber meine kleine Schwester und ich waren nicht bei den anderen, als sie hierherkamen.«

»Du mußt mir das genauer erzählen.« Der Polizist lehnte sich im Stuhl zurück.

Nauka vergaß, daß er eine Uniform trug und daß man die Uniformierten fürchten, hassen und fliehen sollte. Sie erzählte, was geschehen war. Manchmal benutzte sie zwischendurch Wörter aus der Zigeunersprache, so erregt war sie. Aber der Polizist verstand alles. Er lehnte nun an der anderen Seite der Schranke.
»Tja«, sagte er, als sie fertig war, und klopfte sich mit dem Bleistift an die Zähne. »Der Lastwagen mit den vielen Kindern und Hunden und der große grüne Wohnwagen sind gestern morgen schon in aller Frühe abgefahren. Jedenfalls war ich um neun Uhr am Brückchen draußen, und dort stand nur noch der alte lila Mercedes mit dem weißen Anhänger. Für den war die Genehmigung heute abend abgelaufen. Soviel ich weiß, ist mein Kollege deshalb noch einmal draußen gewesen. Jedenfalls war der Platz am Brückchen leer, als ich vorhin zum Nachtdienst gegangen bin.«
»Wissen Sie, wohin die Wagen gefahren sind?«
»Keine Ahnung. Und wann die Männer aus dem Gefängis kommen, kann ich auch nicht sagen. Aber bestimmt läßt der Bürgermeister dich mit dem Alten und dem Kind nicht länger als zwei Tage hierbleiben. Von mir aus könntet ihr so lange am Brückchen lagern, wie ihr wollt. Aber die Leute, weißt du, die Leute.«
»Ja«, sagte Nauka. »Die Leute.«
Mitleidig sah er sie an.
»Muß scheußlich sein, so als Zigeuner durch die Gegend zu ziehen.«
Nauka warf den Kopf zurück und sagte: »Ihr versteht nichts davon.«
»Mag sein. Aber so viel ist mir klar: Man kann dich nicht allein weiterfahren lassen mit dem unvernünftigen alten Kerl und dem kranken Kind. Du bist erst fünfzehn? Gib acht: Du fährst jetzt hinaus zum Brückchen, das ist am Ende der Straße, die westlich aus Otterau herausführt. Morgen früh kommt dann unsere Gemeindeschwester und sieht nach euch. Am besten tut man dich und dein Schwesterchen in ein Heim und den Alten auch. Wenn die Männer aus dem Gefängnis kommen, kann man ja weitersehen. Ich muß das alles mit dem Bürgermeister besprechen. Morgen könnte ich auch bei anderen Dienststellen fragen, ob man eure Leute irgendwo gesehen hat. Ist das nicht ein vernünftiger Vorschlag?«
»Ja, Herr«, sagte Nauka und senkte den Kopf. Nun durfte er ihre Au-

gen nicht mehr sehen. Gewiß, der Mann redete so, wie die Gadsche es vernünftig fanden, und er meinte es gut. Aber Nauka war einmal für ein halbes Jahr in einem Heim gewesen, ihr Vater hatte es so gewollt, in den ersten Jahren nach dem schlimmen Krieg. Niemand wollte damals Deckchen kaufen oder für Vater Tinos Musik in den Gasthäusern etwas bezahlen, und die Unterstützung, die man ihnen jetzt gab, brauchten sie, um den Traktor zu kaufen. Nauka sollte schreiben und lesen lernen. Aber wie kann man das, wenn einem die Augen immer blind sind von Tränen? Dreimal war sie ausgerissen. Zweimal hatte man sie bald wieder gefaßt und zurückgebracht, aber beim dritten Mal nahm eine andere Zigeunersippe sie auf, versteckte sie, änderte ihretwegen die Fahrtrichtung und brachte sie zu den Eltern. Nun sollte sie das noch einmal erleben? Und Pimmi sollte in ein Heim? Das durfte nicht geschehen.

Jetzt mußte Nauka also lügen, sonst würde der Fremde sie nicht verstehen. Ihre Wahrheit konnte niemals seine Wahrheit werden. Das hatte sie vergessen.

»Ich danke Ihnen, guter Herr!« sagte sie. »Gott soll Sie segnen, und auch Ihre Mutter, Ihren Vater und Ihre Kinder. Er soll auch Ihre Toten segnen.« Das meinte sie nun ehrlich, weil sie doch auch seine ehrliche Freundlichkeit gespürt hatte.

»Danke, vielen Dank«, murmelte der Polizist. »Bis morgen also. Gute Nacht!«

Da war die Tür hinter Nauka schon zugefallen. Sie lief zu Ringelblume, löste den Zügel und trieb sie an. Ja, sie wollte jetzt zum Brückchen fahren, damit der Polizist nicht argwöhnisch würde, aber morgen früh wollte sie bestimmt nicht mehr dort sein.

Sie fand das Brückchen bald. Träge zog ein kleiner Fluß unter dem gewölbten Bogen. An der Böschung sah sie die ausgebrannten kalten Feuerstellen und oben zwischen den Weiden die Abdrücke der Wagenräder und Autoreifen. Sie tastete mit den Händen über die feuchte Erde, um zu wissen, wo der Wohnwagen, wo der Bulldog, wo Lastwagen und Anhänger gestanden hatten. Gestern noch! Sie kannte auch Mutter Savinas Art, einen Feuerplatz herzurichten, und sie fand bald die Stelle, an der sie vorgestern abend für Mara und Branko die Suppe gekocht hatte.

Nauka schirrte Ringelblume aus und machte die Wagendeichsel an den Weiden fest. Sie zündete ein Feuer in Mutter Savinas Feuerstelle an und kochte eine magere Suppe aus Brot und Möhren. Dann zog sie ihren Unterrock aus. Zwar durfte man eigentlich ohne Unterrock nicht sein, aber womit sollte sie sonst einen ordentlichen großen Umschlag um Pimmis Fuß machen?

Panelon ließ sich nicht wecken. Er brummte nur und stieß sie ärgerlich weg. So löffelte Nauka allein die Suppe und gab Macki den Rest aus dem Töpfchen.

Pimmi schlief. Nauka saß bis zum Morgen am Feuer. Alle halbe Stunde tauchte sie den Unterrock ins Wasser und legte ihn vorsichtig um Pimmis Fuß.

Als im Osten über der Stadt die Sterne blaß wurden, kochte sie Tee und weckte den Alten.

»Wir müssen weiter«, flüsterte sie ihm ins Ohr. »Die Polizei kommt.«

Das genügte. Sofort war er wach.

Er grinste und sagte: »So früh stehen die nicht auf.« Dann fragte er: »Wohin sollen wir fahren?«

Nauka wußte nicht, was sie antworten sollte. Seit wann wollte er ihre Meinung wissen?

Da hob Pimmi die Plane und flüsterte:

»Fahr dorthin, wo der Mond steht, Panelon!« Sie wies mit der Hand zum Himmel, und Nauka und Panelon sahen im Westen über den Straßenbäumen den Mond untergehen.

»Ja«, sagte der Alte. »Wie der Mond so schön und so hell war meine Parni.«

Nauka war es einerlei, wohin sie jetzt fuhren. Sie wollte heute nur recht weit von Otterau fort. Und schlafen wollte sie.

»Wer ist Parni?« fragte Pimmi, als Nauka sich neben sie auf den Strohsack legte.

»Seine Frau, Mateos Mutter.«

»Und wo ist sie jetzt?«

»Niemand weiß es, und niemand darf ihn danach fragen, das hat die Mara-Mami gesagt.«

»Vielleicht wartet sie auf ihn mit ihren Kindern bei den roten Felsen, von denen er immer redet?«

Naukas Antwort kam erst nach langer Zeit. »Er hatte gestern zuviel Wein getrunken«, murmelte sie. »Und sein Kopf ist krank.«
»Das ist nicht wahr, Nauka. Nur sein Herz ist krank.«
Nauka hörte noch, was Pimmi sagte, aber sie gab ihr keine Antwort mehr. Sie schlief.
»Ich habe Hunger, Nauka!«
»Hmm?«
»Ich habe Hunger! Und mein Fuß tut gar nicht mehr weh, nur noch ein bißchen.«
Nauka lächelte mit geschlossenen Augen und strich im Dunkeln über Pimmis Gesicht. Es fühlte sich kühl und samtig an. Sie spürte in ihren Fingerspitzen die runde Kinderstirn und die kurze Nase. Der Wagen rumpelte über die Brücke. Naukas Hand glitt ab.
Pimmi rutschte nach vorn, stützte sich mit den Ellbogen auf das Kutschbrett und fragte Panelon:
»Hast du etwas zu essen?«
Er griff in die Tasche und gab ihr ein Stück steinhartes Brot und drei Würfel von Ringelblumes Zucker.
»Jetzt fahren wir zu den roten Felsen«, sagte Pimmi.
Panelon riß so heftig am Zügel, daß Ringelblume einen Satz machte und stehenblieb.
»Woher weißt du das?« fragte er.
»Ich habe dir doch gesagt, du sollst dorthin fahren, wo der Mond steht«, antwortete Pimmi.
»Weißt du denn, wo die roten Felsen sind, Kind? Weißt du es?«
»Der Mond weiß es.« Pimmi lachte und ließ sich wieder neben Nauka auf den Strohsack fallen.
Panelon flüsterte: »Sie ist ein Kind. Sie weiß es.«

Dschabri und Dschabris Schwestern

Als sie zwei Dörfer weit von Otterau entfernt waren, kletterte Panelon vom Kutschbock und ging zu Fuß neben Ringelblume her. Er hatte sich den Zügel nur lose über den Arm gelegt und ließ die Stute laufen, wie sie mochte. Blieb sie stehen, um zu verschnaufen oder ein paar Mäuler voll Gras zu fressen, so wartete er geduldig.
Pimmi lag halb wach, halb träumend im Wagen und dachte darüber nach, ob sie gelogen hatte, als sie ihm sagte, die roten Felsen seien dort, wo der Mond unterging. Manchmal sagte sie, was sie gar nicht sagen wollte, und wenn die roten Felsen nun dort waren, wo jetzt gerade die Sonne aufging? Wieder hielt der Wagen an. Pimmi hörte, wie Ringelblume Gras rupfte. Und dann fing Panelon zu singen an. Es war ein seltsames Lied, die Melodie hatte nur zwei Töne, zwischen denen die Worte hin und her irrten, und alle Zeilen endeten mit dem hohen Ton, wie man eine Frage singt.
Panelon sang:

»Bei den roten Felsen
wollten wir entfliehen,
in das Land des Friedens.

Bei den roten Felsen,
meine weiße Blume,
Parni, meine Frau.«

Bei den roten Felsen
warten sie und weinen,
meine kleinen Kinder.

Bei den roten Felsen
lachen schwarze Männer,
Feuer frißt den Wagen
bei den roten Felsen!«

Pimmi kroch zum Rand des Wagenkastens. Panelon fuhr herum, sah

Pimmis weit aufgerissene schwarze Augen unter dem Rand der Plane und schrie wütend:
»Was starrst du so?«
Gleich zog Pimmi ihr Gesicht in Jammerfalten.
»Ich hab immer noch Hunger, Onkelchen.«
»Da!« Panelon gab ihr die beiden letzten Zuckerstücke aus seiner Tasche. Ringelblume sah es und reckte den Hals lang.
»Weshalb schläfst du nicht? Hast du etwas gehört?« fragte der Alte.
»Gehört? Was soll ich gehört haben? Ach so, ja. Ringelblume hat gewiehert.«
»Nein, gesungen hat sie! Weißt du nicht, daß sie singen kann?« Das habe ich euch schon oft genug erzählt. Jetzt hast du's gehört.«
»War das alles?« fragte Pimmi enttäuscht. »Sie hat gewiehert wie ein ganz gewöhnliches Pferd. Ich glaube, es ist überhaupt nicht wahr, daß sie singen kann.«
»Das soll nicht wahr sein?« Panelon faßte Ringelblumes Stirnlocken und flüsterte ihr etwas ins Ohr, trat dann einen Schritt zurück und rief leise: »Ringelblume, meine Schöne, sing! Si-hing, meine Ringelblume!«
Unruhig trat Ringelblume von einem Huf auf den anderen. Was geschah denn nur heute alles mit ihr? Erst mußte sie bei Nacht ins Geschirr, dann redete Panelon zu ihr mit Worten, die sie vor langer, langer Zeit zum letztenmal gehört hatte. Sie schloß die Augen und begann zu scharren.
»Si-hing! Si-hing!« flüsterte Panelon wieder.
Und Ringelblume legte den Kopf auf die Seite, ließ ihn langsam kreisen, hob die Stirn in den kühlen Morgenwind und wieherte hoch und zart, und dann tiefer, lauter und wieder leiser und höher. Wahrhaftig, dachte Pimmi, wenn ich ein Pferd wäre, würde ich so ähnlich singen. Sie klatschte in die Hände und warf Panelon den Zucker wieder zu:
»Da! Gib ihn ihr, Panelon, gib ihn ihr!«
Das Klatschen weckte wieder eine Erinnerung in Ringelblume: So gut es ging mit der Deichsel und dem Geschirr, ließ sie sich auf die Knie nieder. Sie zitterte, als sie wieder hochkam. Panelon tätschelte ihr den Hals und sagte zu Pimmi: »Jetzt weißt du, was du vorhin gehört hast. Sie hat gesungen. Das war alles.«

Pimmi kletterte auf den Kutschbock. Sie konnte nun doch nicht mehr schlafen. Panelon legte eine Decke über ihre Knie und steckte sie rundum fest. »Oder hast du vielleicht sonst noch etwas gehört?« fragte er dabei wieder.

»Nein«, sagte Pimmi. Der Alte nestelte an Ringelblumes Zaumzeug und sah sie nicht an. Das war gut, denn sonst hätte er merken müssen, wie unruhig Pimmis Augen hin und her fuhren. Ach, es war so schwer, ihn zu belügen! Aber die Mara-Mami hatte gesagt: Man soll nur hören, was für die eigenen Ohren bestimmt ist. Und sie hatte gesagt: Man soll schweigen über das Unglück der anderen Menschen. Sie hatte auch gesagt: Niemand darf mit Panelon über seine Traurigkeit sprechen.

Während sie nun weiterfuhren, hatte Pimmi genug mit ihren Gedanken zu tun. Wie ist es, wenn man nicht hören will und hört doch? War Panelon überhaupt ein »anderer Mensch«, wenn sie ihn doch so sehr lieb hatte? Vielleicht wollte er sogar gern mit ihr über seine Traurigkeit sprechen? Wenn Pimmi traurig war, mußte sie immer gleich zur Mutter, zu Nauka, zu Mara-Mami laufen, und wenn sie alles erzählt hatte, war es nur noch halb so schlimm. Aber für die Erwachsenen galten eben immer andere Regeln, und die waren mühsam zu erlernen. Einstweilen war es am besten, sich dumm zu stellen. Jedenfalls hatte sie genug erfahren, und davon wollte sie kein Wort vergessen: Bei den roten Felsen konnte man in das Land des Friedens entfliehen. Schwarze Männer lachten dort, und der Wagen brannte. Was bedeutete das alles?

Sie fuhren durch ein Dorf.

»Möchtest du Milch?« fragte Panelon.

Natürlich mochte sie.

Panelon gab ihr den Zügel, nahm den Löffelkasten und eine zerbeulte blecherne Milchkanne aus dem Wagen und machte sich auf den Weg. Pimmi schlug die Decke zurück und legte ihr Bein mit dem dicken Verband sichtbar für alle Leute auf das Kutschbrett.

Tatsächlich blieb auch bald eine Frau neben ihr stehen. Aus ihrer Einkaufstasche duftete es nach frischen Brötchen.

»Guten Morgen, liebe Frau!« sagte Pimmi mit Jammerstimme.

»Armes Kind, was hast du an deinem Bein? Ist es gebrochen?«

»Fast!« stöhnte Pimmi. »Oh, es tut entsetzlich weh! Und ich habe

keine Eltern, nur einen armen, alten, traurigen Onkel, und solchen Hunger hab ich!«
»Möchtest du ein Brötchen?«
Pimmi nickte, und die Frau legte ihr gleich zwei knusprige braune Brötchen in den Schoß.
»Laß sie dir schmecken!«
Aber Pimmi nahm in jede Hand eines von den Brötchen und drehte sie hin und her.
»Wie macht man drei Teile aus zwei Brötchen?« fragte sie. »Ich habe nämlich noch eine Schwester. Sie schläft dort hinten im Wagen, weil ich so krank bin.«
Die Frau lachte und legte ein drittes Brötchen neben Pimmi auf den Sitz.
»Gott soll dich segnen!« rief Pimmi.
»Hast du womöglich noch einen Bruder?« fragte die Frau.
»Der ist nicht bei uns, der ist bei der Mutter geblieben. Sie brauchen gar nicht zu denken, daß ich noch mehr Brötchen haben will«, sagte Pimmi.
»Hast du nicht gesagt, du hättest keine Eltern mehr?«
Pimmi machte eine Handbewegung, mit der sie das ganze Gespräch beiseite schob. Das war ein Brötchen-Gespräch gewesen, nun ging es um etwas anderes. Sie beugte sich tief zu der Frau hinunter und fragte flüsternd:
»Kennst du die roten Felsen?«
»Rote Felsen?« fragte die Frau. »Wo kann das sein?«
»Irgendwo. Dort, wo man in das Land des Friedens entfliehen kann. Wir müssen die Felsen finden, damit Panelon wieder fröhlich wird.«
»Das Land des Friedens?«
»Ich gebe dir die Brötchen zurück, alle drei, wenn du mir sagst, wo die roten Felsen sind!«
»Hier gibt es nirgendwo Felsen. Nur drüben, hinter Otterau im Gebirge. Aber dort sind alle Felsen grau. Und die Brötchen habe ich dir geschenkt.«
»Das stimmt«, sagte Pimmi und deckte ihren Rock über die Brötchen.
»Vielleicht könntest du den Lehrer fragen?« meinte die Frau. »Der wandert gern. Kann sein, daß er die roten Felsen kennt. Frag ihn.«

»Den Lehrer? In der Schule? Muß ich dann in die Schule gehen?«
»Warum nicht?«
Pimmi wußte von anderen Zigeunerkindern, daß man in der Schule festgehalten wurde, wenn man sich erst einmal hineingewagt hatte. Den halben Tag mußte man still sitzen bleiben, durfte sich nicht kratzen und nicht auf den Boden spucken und nicht aufstehen und fortgehen, wann es einem paßte.
Eine andere Frau kam jetzt dazu. Sie blieb stehen. »Zigeuner?« fragte sie. »Was wollen die denn hier?«
»Sei still, Babett. Das Kind hat ein krankes Bein. Man soll sie nicht verachten. Sind doch auch Christenmenschen.«
»Na – bei mir wollten sie Wäsche mitnehmen, frisch gewaschene, von der Leine!«
»Aber wir nicht!« schrie Pimmi.
»Nein, nein, sei nur still«, sagte die freundliche Frau. »Alles Gute für dich, Kind. Hoffentlich findest du, was du suchst.« Sie ging mit der anderen weiter.
Pimmi überlegte: Wenn sie den Kindern nachliefe, die jetzt aus allen Häusern kamen und rechts in die Straße einbogen, würde sie wohl die Schule finden. Aber mit den Kindern war es auch so eine Sache. Mit allzuvielen auf einmal mochte sie nicht zu tun haben.
Außerdem kam Panelon jetzt zurück. Er trug den Löffelkasten wie ein Tablett vor sich her. Ein großes rundes Brot, ein Stück Butter in Silberpapier und ein Paket, das nach Fleisch aussah, lagen obenauf. An seinem Arm baumelte die schwappende Milchkanne.
Vorsichtig stellte er alles vor Pimmi auf das Fußbrett. Sie rief: »So viel zu essen! Und ich habe Brötchen, Panelon! Richtig geschenkte Brötchen!«
»Hat einen Haufen Geld gekostet, das Zeug«, sagte Panelon. »Alles, was ich noch von gestern hatte. Nur damit ihr nicht verhungert bei mir. Da, halt fest!«
Als er den Kasten vor ihren Füßen zurechtrückte, beugte Pimmi sich vor und küßte seinen Nacken.
»Du bist wie ein Väterchen!« flüsterte sie.
»Bäh!« machte Panelon und wischte sich den Hals ab. »Dumme Küsserei!«

Dann lief er nach vorn und trieb Ringelblume so heftig an, daß die Milchkanne fast umgefallen wäre. Pimmi mußte sie festhalten und zugleich Macki abwehren. Die schlug mit der Pfote nach der Kanne und leckte sich das Schnäuzchen. Pimmi sah, wie Panelon so zornig neben Ringelblume herstapfte, als hätte man ihn schwer beleidigt. Leise sagte sie zu Macki:

»Wenn jemand wütend wird, nur weil man ihm einen ganz kleinen Kuß gegeben hat, dann ist er entweder böse oder sehr traurig. Böse ist Panelon nicht. Aber ich glaube, er ist so traurig, daß ich es doch tun muß.«

»Ma-uu!« machte Macki.

Pimmi schüttete eine kleine Lache Milch für sie auf das Kutschbrett und dachte weiter nach.

»Du, Onkelchen!« rief sie nach einer Weile.

Grinsend drehte Panelon sich um. Er war froh, weil sie ihm nicht böse war. Sie merkte das gleich und sagte:

»Ich glaube, hier gibt es Hühner . . .«

Panelon schob sich den Hut in den Nacken.

»Haben wir nicht schon Fleisch?«

»Mutter Savina kocht immer ein Huhn für mich, wenn ich krank bin«, sagte Pimmi.

Panelon band Ringelblume an einen Zaun, nahm den Löffelkasten und ging damit ins nächste Haus. Pimmi wartete und zählte zehnmal bis zehn. Wenn die Leute ihn nicht sofort wegschickten, würde es lange dauern, bis er von selbst wieder ging. Sie hüpfte vom Wagen, humpelte auf einem Bein zu Ringelblume und machte sie los.

»Du mußt dich beeilen!« flüsterte sie und kletterte wieder auf den Kutschbock. »Hü! Ringelblume!«

Aber so leicht war es nicht, Ringelblume von der Stelle zu bekommen. Sie wollte auf Panelon warten, schüttelte den Kopf und schnaubte ärgerlich. Da kam auch Panelon schon wieder. Er lachte vergnügt und deutete auf seine Jacke. Ein Hühnerkopf schaute da hervor!

»Ist krank«, sagte Panelon und zwinkerte Pimmi zu. »Sie haben es mir geschenkt.«

Tatsächlich, als er das Huhn auf die Straße setzte, blieb es verschüchtert hocken. Es war noch jung. Allmählich erholte es sich aber von dem Schrecken und wollte piepsend und flatternd davonrennen. Gleich hatte Panelon es wieder gepackt, seinen Kopf auf die Erde geduckt und mit dem Zeigefinger einen Kreis um seinen Schnabel beschrieben. Das Hühnchen blieb sitzen, als hätte Panelon es in einen unsichtbaren Kreis gebannt.

»Siehst du, wie krank es ist?« fragte er und zwinkerte wieder.

»Mara-Mami will nicht, daß wir das tun«, flüsterte Pimmi.

»Aber ich habe es doch bezahlt. Zwei Löffel zum halben Preis, das ist doch genug für ein einziges, winziges krankes Huhn.«

Pimmi seufzte. Manchmal durfte man es mit den Geboten der alten Mara eben doch nicht so genau nehmen, wenn man große Pläne hatte.

»Dschabri, – Hühnchen!« rief Pimmi.

Panelon hob es auf und gab es ihr. Sie streichelte es.

»Es ist sehr hübsch. Ich weiß nicht, ob man es schlachten und essen kann«, sagte sie. »Überhaupt, – es ist noch so jung! Davon werden wir drei nicht satt.«

»Es soll nur für dich sein«, sagte Panelon.

»Ich soll Hühnerfleisch essen, und ihr bekommt nichts davon?«

»Dann teilen wir es uns.«

»Dafür ist es zu klein.«

»Soll ich etwa noch mehr kranke Hühner finden?« fragte Panelon.

»Natürlich!« sagte Pimmi. »Und Kaffee und Mus könntest du vielleicht auch besorgen? Nauka ißt so gern Musbrote. Ich glaube, ich lege mich wieder in den Wagen und schlafe.«

»Weiber!« murmelte Panelon. »Sind nie zufrieden mit dem, was sie haben!«

Aber er nahm zum dritten Mal seinen Löffelkasten. Ihm war gerade der Gedanke gekommen, daß es hier im Dorf doch ein Wirtshaus geben mußte.

Pimmi warf ihm eine Kußhand nach, wartete, bis er in einer Seitengasse war, und horchte auf Naukas Atemzüge. Sie schlief noch fest.

Also nahm Pimmi das Kätzchen unter den einen, Dschabri, das Hühnchen, unter den anderen Arm und kletterte vom Wagen. Es war nicht weit bis zum Schulhaus.

Drinnen roch es so seltsam, wie sonst nirgendwo. Pimmi zog die Nase kraus. Man konnte schon am Geruch merken, daß Schule eine un-

heimliche Sache war. Dann klinkte sie mit dem Ellbogen die erste Tür auf und hüpfte auf einem Bein ins Klassenzimmer.
»Na –«, sagte der Lehrer.
Die Kinder kicherten, stießen sich an und reckten die Köpfe.
»Bist du . . . bist du eine neue Schülerin? Ich weiß aber gar nichts . . . Niemand hat mir etwas gesagt . . .«, sagte der Lehrer.
Pimmi schüttelte nur den Kopf. Sie schwankte und lehnte sich an die Wand. Plötzlich tat ihr Fuß wirklich sehr weh.
»Du bist krank. Setz dich.« Der Lehrer schob ihr einen Stuhl hin.
»Danke!« flüsterte Pimmi und setzte sich.
»Wo hast du denn das Huhn gestohlen?« rief ein Mädchen.
Wieder schüttelte Pimmi nur den Kopf. Sie hatte jetzt nur noch Angst.
»Nehmt eure Pausenbrote und geht auf den Hof!« sagte der Lehrer.
Es dauerte lange, bis alle Kinder an Pimmi vorüber waren. Sie saß still mit geschlossenen Augen und mühte sich, das Zucken in ihren Mundwinkeln festzuhalten. Bestimmt würde der Lehrer sie hierbehalten, und Panelon und Nauka wußten noch nicht einmal, wo sie war! Nun mußte sie doch weinen.
»Du brauchst keine Angst zu haben«, sagte der Lehrer.
Pimmi schnüffelte so leise sie konnte. Gerade war ihr eingefallen, daß Nasehochziehen und schmutzige Fingernägel auch zu den Dingen gehörten, die in der Schule verboten waren. Offenbar durfte man hier überhaupt kein Mensch sein, nur eine Lese- und Schreibding.
»Sieh mich an!« sagte der Lehrer. »Sehe ich denn so böse aus?«
»Du hast Vier-Augen«, sagte Pimmi leise. »Ich kann nicht sehen, ob du gut bist.«
»Vier-Augen?«
»Das Ding da, die Gläser!«
Er lachte und nahm seine Brille ab. »Aber nun kann ich dich kaum noch erkennen, und lesen kann ich auch nichts mehr.«
»Das ist nicht schlimm«, sagte Pimmi. »Ich kann auch nicht lesen. Und ich sehe sowieso nicht schön aus.«
»Möchtest du denn gern lesen lernen? Bist du deshalb hierhergekommen?«
»Nein, bestimmt nicht! Ich bin auch noch viel zu klein für die Schule. Viel zu klein!«

»Aber ich finde, daß du hübsch aussiehst. Du hast doch schöne schwarze Locken, und deine Augen gefallen mir gut.«
»Du lügst«, sagte Pimmi. »Ich bin ein häßliches Kind.«
»Hm«, machte der Lehrer. »Weshalb bist du dann gekommen? Wolltest du nur sehen, wie es in der Schule ist? Möchtest du dich zu den anderen Kindern setzen und uns zuhören?«
»Muß ich das?« fragte Pimmi.
»Du mußt nicht. Ich dachte nur, du wolltest das vielleicht.«
»Ich bin nur gekommen, weil ich dich etwas fragen muß. Wo sind die roten Felsen? Wo kann man in das Land des Friedens fliehen?«
Der Lehrer setzte seine Brille wieder auf. Kopfschüttelnd sah er Pimmi an. Er stellte noch viele Fragen, und am Ende wußte Pimmi, daß man nur dort in ein anderes Land fliehen kann, wo eine Grenze ist. Sie merkte sich das Wort, seinen Sinn verstand sie nur halb. Die nächste Grenze gab es im Westen. Dahinter war Frankreich.
»Geht dort der Mond unter?« fragte Pimmi. »Wo Frankreich ist? Und gibt es dort rote Felsen?«.
»Das ist richtig.«
Sie lachte. »Ich hab es gewußt!«
Jetzt wollte der Lehrer wissen, weshalb Panelon die roten Felsen finden mußte, um wieder froh zu werden? Was war dort geschehen? Pimmi wußte es nicht.
»Ich fürchte, ich kann es mir denken, Kind«, sagte der Lehrer traurig. »Ich fürchte, ich weiß, wer die lachenden schwarzen Männer bei dem brennenden Wagen waren. Aber das ist lange her, Gott sei Dank!«
Er stand jetzt am Fenster und putzte seine Vier-Augen blank. Dann nickte er ihr freundlich zu und sagte: »Die Pause ist zu Ende, ich muß die Kinder hereinholen. Aber ich gebe dir noch etwas mit, warte.«
Er nahm ein seltsames Bild aus dem Wandschrank. Es war braun und grün, durchzogen von wirren Linien, blauen, roten und schwarzen.
»Wenn du ein Vogel wärst, würde für dich die Erde so aussehen«, sagte der Lehrer.
»Aber man sieht keinen Berg und kein Haus.«
»Stell dir vor, man hätte alles platt gebügelt, die Berge und Häuser und Wälder.«
Pimmi ließ sich die Landkarte erklären. Dort, über das blaue Band

sollten sie fahren, über die Rheinbrücke. Dann immer weiter nach Westen, bis zu der Grenze, hinter der Frankreich war. Konnte sie das behalten? Ja, sie konnte das behalten.
»Man hat so manches gehört, was an der französischen Grenze mit den Zigeunern geschehen sein soll – damals«, sagte der Lehrer und zog mit dem Bleistift eine Linie über das Blatt.
»Was hat man gehört?«
Er antwortete ihr nicht. »Sieh«, sagte er, »so müßt ihr fahren, dann kommt ihr an den Rhein. Dann so, – ein wenig nach Süden, das ist der kürzeste Weg zur Grenze; ich denke, den haben sie damals gesucht.«
»Wer?«
»Die Leute aus deinem Volk, die nach Frankreich wollten.«
»Und dann sind sie in das Land des Friedens gekommen?«
Traurig sah er sie an. »Du wirst es erfahren, Kind.« Dann sprach er hastig weiter: »Ihr werdet bald hinter dem Rhein wieder in ein Gebirge kommen. Da gibt es rote Felsen, Sandsteinfelsen. Vielleicht findet der alte Mann dort die Stelle, die er sucht.«
»Wird er dann wieder froh sein?«
»Vielleicht«, sagte der Lehrer. »Aber er wird nur die Steine finden.«
Pimmi fragte nicht weiter, aber es war ihr, als müßte sie wieder »Eidechse!« sagen oder den Mond rufen.
»Nimm das Blatt, ich schenke es dir.«
»Ist es auch kein Zauberding?« fragte Pimmi.
»Bestimmt nicht.«
Nun hatte sie keine Hand frei, weil sie doch immer noch die beiden Tiere hielt.
»Könntest du sie bitte nehmen?« fragte sie und gab dem Lehrer Macki und Dschabri. »Und dann mußt du dich umdrehen, weil ich die gebügelte Erde unter mein Kleid stecken will.«
Der Lehrer nahm die Tiere und ging mit ihnen ans Fenster. Dann, gerade als Pimmi den letzten Knopf wieder geschlossen hatte, flog die Klassentür auf. Ein ärgerlicher Mann stand auf der Schwelle, und hinter ihm drängten und stießen sich die Kinder.
»Herr Kollege!« rief der Mann. »Die Pause ist doch längst zuende! Und Sie hatten Ihre Klasse schon vor dem Schellen hinausgeschickt! Haben Sie den Lärm nicht gehört?«

»Doch«, sagte der Lehrer und jagte hinter Dschabri her. Die war ihm entwischt und flatterte mit Gackern und Schreien am Fenster hoch. Pimmi fing sie wieder ein und nahm auch Macki wieder auf den Arm. Der Lehrer versuchte, dem anderen Mann zu erklären, weshalb er mit Pimmi allein sein mußte. Inzwischen liefen die Kinder auf ihre Plätze.
»Du könntest hierbleiben, Schwarze!« sagte ein Junge zu Pimmi. »Das wird lustig!«
»Nein, ich muß zu den roten Felsen. Es riecht auch nicht gut hier.«
Die Kinder lachten.
Pimmi wartete, ob die Männer nicht endlich genug geredet hätten. Schließlich humpelte sie zum Lehrer und zupfte an seiner Jacke.
»Herr Kollege!« sagte Pimmi, denn sie hatte sich seinen Namen gemerkt, als der andere Mann ihn anredete. »Du bist ein guter Mann, und Gott soll dich segnen und dir Gesundheit . . .«
Ein wildes Gelächter brach los. Die Kinder trommelten vor Vergnügen mit den Fäusten auf die Tische.
»Herr Kollege, Herr Kollege!« schrien sie. Auch die beiden Lehrer lachten.
Einen Augenblick stand Pimmi starr vor Schreck und Zorn. Ausgelacht zu werden, das war schlimmer als alle bösen Worte. Was hatte sie gesagt? Gesundheit und Gottes Segen hatte sie ihm gewünscht, und nun lachte er!
Sie packte die Tiere fester und floh mit einem einzigen riesigen Hüpfer durch die große Tür. Schluchzend rannte sie über den Hof, fand ein Gartenpförtchen und warf sich hinter Stachelbeersträuchern auf die Erde.
Schon standen die Männer an der Schultür.
»Mädchen! Kleine Freundin!« rief der Lehrer.
Pimmi rührte sich nicht.
»Die ist fort. Lassen wir sie laufen«, sagte der andere Mann.
»Wir hätten nicht lachen dürfen. Aber ich verstehe nicht, wie sie mit ihrem kranken Bein so schnell fortlaufen konnte.«
»Krankes Bein!« Der andere lachte. »Das war doch nur Schwindel!«
Nun lief der Lehrer zum Hoftor. Pimmi in ihrem Versteck betete stumm: »Heilige Sara, gib acht, daß er mich nicht sieht! Verbinde seine Augen!«

Jetzt ging er langsam wieder zurück. Ganz nah kam er an Pimmi vorüber. Sie drückte Dschabris Schnabel zu und preßte Macki fest an die Brust.

»Das tut mir leid«, sagte der Lehrer zu dem anderen Mann. Die schwere Tür fiel zu.

Pimmi zählte wieder zehnmal bis zehn. Beim fünften Mal wurde es still hinter den Fenstern drüben. Beim neunten Mal begannen die Kinder zu singen.

Pimmi war bald wieder am Wagen. Nauka und Panelon liefen ihr entgegen. Jetzt mußte sie wieder ein bißchen schluchzen, weil es doch so gut war, Nauka und Panelon und Ringelblume zu sehen, wenn man so lange unter fremden Menschen gewesen war.

»Ich habe dich überall gesucht!« rief Nauka.

Pimmi steckte den Kopf in Naukas Rock und rief: »Los! Weiter!«

Nauka schob sie fort und sah ihr in die Augen: »Hast du vielleicht irgendwo etwas – gefunden?«

»Nur den Weg auf der gebügelten Erde. Aber der Herr Kollege hat ihn mir geschenkt.«

Nauka wollte noch mehr wissen, aber Pimmi legte den Finger auf den Mund, schielte zu Panelon und sagte: »Später!«

Ringelblume rannte jetzt mit fliegendem Schweif. Der Karren schwankte und ächzte und kam einmal nur knapp an einem Prellstein vorbei. Ringelblume hatte genug von diesem Dorf. Sobald die letzten Häuser hinter ihnen lagen, ging sie wieder im Schritt. Und als sie einen grasigen Wiesenweg sah, bog sie rechts ab und trabte dort entlang, bis zu einer kleinen Mulde mit saftigem Futter, mit einem Baum, der Schatten gab, und einer Hecke, die den Wind abhielt. Nichts würde sie jetzt von der Stelle bringen, ehe sie satt war.

Nauka legte eine Decke ins Gras und holte Milch und Brot und Brötchen aus dem Wagen. Panelon wartete, bis Pimmi sich mit Dschabri im Schoß unter den Baum gesetzt hatte. Dann fragte er sie:

»Was habe ich in meiner linken Tasche?«

»Kautabak!«

»Falsch!«

»Zucker!«

»Noch falscher!«

»Schokolade?«
»Schokolade! Hat man so was schon gehört? Schokolade! Erst hetzt sie einen: Hol dies, hol das, hol jenes, – und dann weiß sie nichts mehr davon!«
»Hast du Mus für Nauka mitgebracht?«
»Mus in der Tasche?«
»Oder Kaffee?«
»Kaffee ist ungesund für kleine Kinder.«
»Sag's, Panelon, sag's doch!«
Vorsichtig griff Panelon in die linke Rocktasche, beugte sich zu Pimmi herab und setzte ein goldgelbes Küken ins Gras.
»Dschabris Schwesterchen!« rief Pimmi.
»Warte«, sagte Panelon, »du mußt noch raten, was ich in der anderen Tasche habe.«
»Kautabak!« fing Pimmi wieder an.
»Du bist langweilig. Fällt dir nichts Besseres ein?«
»Ein Schulhaus!« rief Pimmi.
»Verrückt! Ein – was? Rate, wie es sich gehört, oder ich drehe ihm gleich den Hals um!«
»Panelon! Onkelchen! Wem willst du den Hals umdrehen?«
»Dem Hühnchen«, sagte Panelon und setzte ein graubraunes Küken neben das gelbe. »Größere konnt ich nicht bringen, leider«, sagte er. »Aber soviel wie an einem fetten Spatzen wird schon dran sein, und wenn man sie mit Fleisch und Kräutern füllt . . .«
»Pfui, Panelon!« rief Pimmi und deckte ihre Hände über die Küken. »Du willst sie aufessen? Braten willst du sie? Sie sind doch Kinder!«
»Dann essen wir eben nur das Große«, sagte Panelon. Als hätte sie nichts davon gehört, sagte Nauka: »Wir brauchen einen Käfig für die drei, damit Macki sie nicht frißt. Könntest du bitte einen Deckelkorb aus Haselzweigen oder Weidenruten flechten?« Panelon ging zu Ringelblume. »Denen da«, sagte er und wies mit dem Daumen über die Schulter, »denen kann es keiner recht machen. Erst heißt es: Hühner her, drei Hühner! Man tut, was man kann. Da sind sie, die Hühner. Aber jetzt soll ich keinen Bissen davon zu essen bekommen, – ih! Einen Käfig soll ich bauen! Einen Hühnerkäfig! Solche Vögel gehören auf einen Hof oder in den Topf, das ist meine Meinung.«

Ringelblume senkte den Kopf und schnaubte zweimal kurz hintereinander. Wie Wattebäusche flogen die Küken beiseite. Doch Dschabri schwankte nur etwas, dann richtete sie sich hoch auf, sträubte die Federn und flatterte mit schrillem Gezeter zwischen Ringelblumes Ohren. Stolz schlug sie mit den Flügeln und gackerte auf die anderen herab. Ringelblume wagte nicht, sich zu rühren. Pimmi mußte sich die Fäuste in den Mund stecken vor Lachen. Nauka bog sich und wiegte sich vor und zurück, und sogar Panelon lachte mit. Doch dann verscheuchte er Dschabri. Er wußte, daß Ringelblume Hühner nicht leiden mochte.

Dann ging er und schnitt von der Hecke am Wiesenrand Haselruten für den Käfig.

Bald saßen sie zu dritt auf der Decke und frühstückten. Ein Feuer mochte Nauka nicht anzünden, weil sie immer noch nicht genau wußte, was Pimmi wohl in der Schule angestellt hatte und wie Panelon an die drei Hühnchen gekommen war.

Deshalb drängte sie auch bald wieder zum Weiterfahren. »Es wird Zeit, daß wir zurückfahren«, sagte sie. »An der nächsten Straßenkreuzung werden wir nach Norden oder Süden abbiegen, damit wir auf einem Umweg wieder ins Gebirge und nach Gerlau kommen. Ich habe es mir überlegt: Dort, wo wir zuletzt alle zusammen waren, müssen wir uns auch wieder treffen. Ich weiß, daß Mutter Savina ebenso denkt.«

Pimmi sah die große Schwester unruhig an. O ja, sie wollte zur Mutter. Aber Panelon?

Der hatte schon angefangen, einen Korbboden zu flechten. Nun ließ er die Hände sinken. Leise sagte er:

»Ich war fröhlich, und die Nebel wollten fortziehen aus meinem Kopf, weil ich fühlte, daß wir auf dem richtigen Weg zu den roten Felsen sind. Werde ich sterben müssen, ehe ich sie gesehen habe?«

»Nein!« rief Pimmi. »Du wirst sie sehen, Onkelchen Panelon. Du wirst sie sehen.«

»Schweig«, sagte Nauka. »Du bist ein Kind, und ich muß dich zur Mutter zurückbringen. Niemand weiß, wo die roten Felsen sind.«

Panelon stand auf, ging ein paar Schritte hinunter und blieb dann mit dem Rücken zu den Kindern stehen.

»Er ist traurig», flüsterte Pimmi.
»Wir können ihm nicht helfen!« flüsterte Nauka.
Pimmi sagte: »Nauka, es gibt doch ein Gesetz, das sagt, man muß denen helfen, die in Not sind?«
»Es ist das erste Gesetz, ich weiß Pimmi. Aber wir kennen doch den Weg nicht. Wir wollen mit der Mara-Mami darüber sprechen. Wenn es die roten Felsen wirklich irgendwo gibt, dann kennt sie den Ort.«
»Und wenn wir sie in Gerlau nicht treffen?« fragte Pimmi.
Nauka zuckte die Achseln. Es konnte sehr lange dauern, bis sie die Eltern wiederfanden. Vielleicht mußten sie bis zum Winter warten, wenn alle Zigeuner irgendwo in den Städten ihre Wagen abstellten. Dann konnte einer vom anderen erfahren, wo die einzelnen Sippen zu finden waren. Bis dahin war es ihre Sache, für Pimmi und den alten Mann zu sorgen. Ihre Sache, Naukas Sache. Ach, eine so schwere Sache!
Pimmi stieß sie an und flüsterte: »Habe ich dir nicht gesagt, daß ich beim Lehrer war? Und daß er mir die plattgebügelte Erde mit dem Weg geschenkt hat?«
»Eine Landkarte, Pimmi?«
»Der Herr Lehrer Kollege weiß, wo es rote Felsen gibt, wir müssen nur ein bißchen danach suchen an der Grenze, wo Frankreich anfängt. Etwas ist dort geschehen, aber er wollte es mir nicht sagen.«
»Ist das wahr, Pimmi?«
»Ich schwöre es bei unseren Toten!«
Und das war ein heiliger Schwur.
Pimmi zog die Landkarte aus dem Kleid und zeigte sie Nauka. Die fuhr mit dem Finger an der Bleistiftlinie entlang und überlegte, wieviel Zeit sie wohl brauchen würden, um den Punkt zu erreichen, an dem sie endete. Mateo hatte ihr gezeigt, wie man mit Landkarten umgeht. An einem Sommerabend war es gewesen, noch gar nicht lange her, und sie hatten an einem sonnigen Abhang gesessen. Da hatte Mateos Hand Naukas Finger über die Landkarte geführt, und er hatte geduldig gewartet, wenn sie die Namen der Städte und Flüsse buchstabierte. Nauka sah zu Panelon hinüber. Gebeugt und müde stand er dort. War er nicht Mateos Vater? Und hatte nicht Pimmi recht, daß man denen helfen muß, die in Not sind, nach uraltem Zigeunergesetz, einerlei,

was es kostet? Wer mit Willen einem Bruder die Hilfe versagte, wurde geächtet. Gewiß, Panelon hatte satt zu essen, niemand bedrohte, niemand verfolgte ihn. Oder doch? Am Ende war es eine Seele, die ihn verfolgte, die ihn trieb, die roten Felsen zu suchen? Die Mula von Mateos Mutter? Niemand wußte etwas von ihr, sie mußte wohl tot sein. Pimmi sagte: »Wenn man dem Gesetz nicht gehorcht, bekommt man ein häßliches Herz, und man kann nie wieder froh sein.«

»Tut dein Fuß noch weh?« fragte Nauka.

»Nur ein bißchen. Morgen bin ich wieder gesund. Pack ein, Nauka, wir müssen über den Fluß fahren, der Rhein heißt.«

»Was würden Mara-Mami und Mutter Savina tun?« fragte Nauka.

»Sie helfen immer«, antwortete Pimmi.

Nauka stand auf. Sie setzten Dschabri, Dschabris erste Schwester und Dschabris zweite Schwester in Panelons großen Kochtopf. Dschabri zeterte, hackte und wollte über den Rand flattern. Nauka band den Topf mit einem Fetzen vom Unterrock zu und schnitt mit Panelons Schnitzmesser Luftlöcher in den Stoff. Für einen Augenblick hatten sie Panelon vergessen. Er war fortgegangen.

Nauka lief ihm nach. Als sie ihn festhalten wollte, schüttelte er den Kopf.

»Laßt mich! Ihr könnt Ringelblume und den Wagen behalten. Ich gehe zu Fuß weiter. Laß mich! Niemand kann einen alten Mann festhalten, wenn seine Zeit gekommen ist, zu gehen«, sagte er.

»Komm, Panelon«, sagte Nauka. »Komm, wir fahren mit dir zu den roten Felsen. Pimmi hat eine Landkarte, und der Lehrer im Dorf hat ihr den Weg gesagt.«

Zuerst verstand er sie nicht. Sie mußte ihm zweimal, dreimal erklären, was sie von Pimmi gehört hatte. Mit beiden Händen hielt sie seine Arme fest.

»Was ist dort geschehen mit den Zigeunern?« fragte er plötzlich und begann zu zittern. »Was ist dort geschehen an der Grenze? Was wollten die schwarzen Männer bei den brennenden Wagen? Wie geschah das alles, wie geschah es?«

»Ich weiß es nicht, der Lehrer hat es nicht gesagt. Aber weißt du es denn nicht, Onkel?«

»Die Nebel«, flüsterte Panelon. »Immer kommen die Nebel und dekken es zu. Darum muß ich sie suchen, die roten Felsen, damit ich es wieder weiß!«

»Wir helfen dir, Panelon.« Eine Träne fiel auf ihre Hand.

»Meine Tochter sollst du sein, schöne Nauka!«

Sie wurde rot und lachte, ließ ihn los und lief zum Wagen zurück. Er folgte ihr, und bald war er wieder wie immer. Er schimpfte und lachte über die Hühner im Kochtopf:

»Dahinein gehören sie, jawohl! Aber mit umgedrehten Hälsen und Zwiebeln und Petersilie im Bauch. Ihr werdet mir noch Suppe aus Hühnerdreck kochen, ihr kleinen Weiber, soweit kommt es.«

Doch als er auf dem Kutschbock saß, Pimmi und Macki neben sich, mußte der Hühnertopf zwischen seinen Füßen stehen.

»Damit die Mordkatze sie nicht frißt. Für die habe ich sie nicht mitgebracht!«

Bald rollte der Karren über die Landstraße nach Westen. Nauka ging nebenher und konnte kaum Schritt halten, so trieb der alte Mann die Stute jetzt an. Und dann sang er:

»Lauf, mein Pferdchen!
Silberhufe –
Spring, mein Pferdchen!
Goldne Zügel –
Tanz, mein Pferdchen!
Einen Sattel
rot und blau
aus Samt und Seide
kaufe ich dir morgen.

Lauf, mein Pferdchen!
Zuckerstückchen –
Spring, mein Pferdchen!
Süße Rübchen –
Tanz, mein Pferdchen!
Eine Weide
grün und bunt
am hellen Bach
zeige ich dir morgen.

Lauf, mein Pferdchen!
Rote Sonne –
Spring, mein Pferdchen!
Silbermond –
Tanz, mein Pferdchen!
Heute abend
fällt ein Stern
in meinen Becher,
wenn die Feuer brennen.«

Pimmi fragte: »Bist du nun wieder fröhlich, weil wir zu den roten Felsen fahren?«
»Ja«, sagte er. »Und nein. Und ja.« Doch dann sang er das fröhliche Lied noch einmal und noch einmal, bis Pimmi und Nauka es gelernt hatten.

Parni und die verlorenen Kinder

Bald darauf fuhren sie über den Rhein. Auf der breiten Brücke stauten sich die Autos, als Ringelblume mit dem Planwagen daherklapperte, und die Fußgänger blieben stehen. Pimmi klammerte sich an Panelons Schulter und rief:
»Nauka! Gib acht! Nicht so nah, Nauka, nicht so nah!« Denn Nauka ging auf dem Fußgängerweg am Brückengeländer entlang, und dort unten war Wasser, so viel Wasser.
Auch Nauka ging nicht gern über die Brücke; denn trennte nicht dieser Fluß wie ein Graben die Ufer? Lag nun nicht hinter ihr das Land, in dem irgendwo, irgendwo der grüne Wohnwagen fuhr? Lag nicht vor ihr das Land, in dem irgendwo, irgendwo die roten Felsen sein sollten, mit einem Geheimnis, von dem niemand wußte, ob es gut oder schlimm war?
Dann sah sie über den Dächern den mächtigen Doppelturm einer Kir-

che, und der war von leuchtendrotem Stein. Wenn die Leute so große Kirchen aus rotem Stein bauen konnten, dann mußte es hier in der Nähe rote Felsen geben. Nauka rief: »Panelon! Siehst du die roten Türme?«
Er nickte nur.
Am Ende der Brücke hielt ein Polizist sie an, weil Panelon sich um kein Verkehrszeichen kümmerte. Nauka sprach mit dem Uniformierten und fragte ihn nach einem Platz, an dem Zigeuner lagern durften. Ungeduldig hörte Panelon zu, und als sie weiterfuhren, sagte er zu Pimmi:
»Dummheit! Ich weiß genau, wo der Platz ist!«
»Warst du schon einmal hier?«
Wieder nickte er nur und trieb Ringelblume an. Seine Hände zitterten, Pimmi sah es. Nauka sprang auf den Wagentritt. Sie wunderte sich, wie bald Panelon die Stelle gefunden hatte.
Schön war es dort nicht. Zwischen zwei Bahndämmen standen Baracken, Nissenhütten und armselige Häuschen aus Trümmersteinen, Blech und Kistenholz. Das waren die Wohnungen der Ärmsten in dieser Stadt. Blauer Rauch stieg aus dünnen Ofenrohren, Hühner scharrten im Gestrüpp, Wäsche flatterte bunt zwischen windschiefen Pfählen. Auf dem morastigen, ausgefahrenen Weg spielten Kinder. Sie umtanzten den Wagen und schoben ihn lachend und schreiend zum freien Platz.
Dort stand ein Wohnwagen, und mit seinem glänzendbraunen Lack und den frischen weißen Spitzengardinchen hinter den Fenstern sah er freundlich aus neben den grauen Hütten und den düsteren Baracken. Zwei Jungen und ein Mann steckten die Köpfe unter die Motorhaube der Zugmaschine, die dazugehörte. Nauka sah, daß sie Zigeuner waren. Vor dem Wagentreppchen stand eine Frau am Waschfaß. Als der Karren näher kam, streifte sie den Seifenschaum von Armen und Händen und ging ihnen entgegen.
»Wir finden euch mit Gott!« rief Nauka.
»Ihr kommt mit Gott!« sagte die Frau. Als sie Panelon die Hand gab, sah sie ihn lange und forschend an, aber er beachtete sie kaum. Er blickte unruhig auf dem Platz umher und stieg erst vom Bock, als Pimmi ihn anstieß.

»Unser Abendessen ist bald fertig«, sagte die Frau zu Nauka. »Ihr seid unsere Gäste.«

Immer noch war sie ernst und nachdenklich und beobachtete den Alten. Mühsam, als seien Arme und Beine ihm schwer, schirrte er Ringelblume aus und pflockte sie am Bahndamm an. Nauka half ihm dabei und fütterte auch gleich die Hühner mit gehackten Brennesseln und Brotkrumen. Ein großes Mädchen kam dazu, das sah wie eine Zigeunerin aus, war aber wie eine Fremde gekleidet. Sie schien etwas älter als Nauka zu sein. Gleich nahm sie die Küken in ihren Schoß und kaute ihnen das Brot vor. Nauka wollte sie anreden, fragte sie nach ihrem Namen und sagte den ihren. Aber das Mädchen antwortete nicht. Es lächelte nur und schüttelte den Kopf. Als die Hühnchen wieder in ihrem Topf saßen, ging das Mädchen fort und hatte kein einziges Wort mit Nauka gesprochen. Aber es winkte ihr zu.

Migra, die Zigeunerfrau, wand gerade die letzten Wäschestücke aus dem Zuber.

»Ihre Ohren sind taub und ihr Mund ist stumm«, sagte sie. »Das Mädchen heißt Tereina und gehört zu einer Sippe von Seßhaften. Drüben in der Baracke wohnen sie. Tereinas Eltern sind tot. Die Leute, die sie aufgenommen haben, gehören gar nicht zu ihrer Sippe. Soviel ich weiß, kam ihre Familie aus Ungarn – damals.«

»Damals?« fragte Nauka.

»Ich denke, du mußt wissen, was das bedeutet, wenn du mit Panelon kommst«, sagte Migra und trug ihre Wäsche hinter den Wagen.

Als es dunkel wurde, saßen sie im Wohnwagen. Es war eng, aber jeder hatte seinen Platz am Tisch oder auf den Betten. Pimmi war glücklich. Sah es hier nicht fast genauso aus wie in Mutter Savinas grünem Wagen? Der kleine Herd, der Klapptisch, die schmalen Betten an der Längswand, die Schlafbretter darüber! Juan, Migras Mann, war Korbflechter und Besenbinder. Seine Waren baumelten an der Decke, und dazwischen schaukelte ein Korb mit einem winzigen Schwesterchen. Pimmi wußte nicht, was ihr besser gefiel: das kleine Kind oder die vielen Heiligenbilder auf dem Eckbrett hinter dem roten Lämpchen. Da standen ein Muttergottesbild mit goldenem Gesicht und eine Sarastatue aus weißem Porzellan, wie überall in den Zigeunerwagen, aber da gab es auch einen heiligen Antonius, einen heiligen Christophorus, einen heiligen Franziskus mit Vögeln, Fischen, Hunden, Katzen, Eseln und einen heiligen Georg mit einem schrecklichen Drachen. Da stand ein Bild von einem freundlichen Mann, der »Doktor Martinus Luther« hieß, das sagte Juan, und daneben saß eine kleine, dickbäuchige Tonfigur, ein nackter Mann mit untergeschlagenen Beinen. »Buddha« nannte Juan ihn, und Pimmi mochte ihn gleich besonders gut leiden, weil er so friedlich aussah. Wo es so viele Heilige gab, lebten bestimmt glückliche Menschen.

Mutter Migra schöpfte jedem Gemüse und Kartoffeln auf den Teller und gab den Gästen die größten Fleischbrocken aus dem Topf. Zum Nachtisch brachte sie fettes Gebäck und kandierte Früchte. Es wurde nicht viel gesprochen bei dieser Mahlzeit.

Panelon stand auf, als Juan eine Weinflasche öffnen wollte. Nein, er möge keinen Wein trinken. Nauka und Pimmi staunten. Schlurfend ging der alte Mann hinaus. Nein, es solle auch niemand mit ihm kommen, allein möchte er sein.

Die Kinder erzählten, wie sie ihre Sippe verloren und Panelon getroffen hatten. Nauka sagte: »Unser Onkel Panelon ist traurig, ihr habt es gesehen. Er sucht einen Ort, an dem er schon einmal war, und wir müssen ihm dabei helfen. Man kann ihn nicht allein lassen.«

»Gott helfe euch«, sagte Migra leise.

Juan fragte: »Wissen eure Eltern, was ihr tut?«

»Wir konnten ihnen keine Nachricht geben.«

Migra und Juan sahen sich an.

»Morgen oder übermorgen, sobald der Traktor wieder in Ordnung ist, fahren wir auf die andere Rheinseite. Ich habe ein Motorrad, ich suche eure Leute.«

»Früher waren sie oft in Blasberg zum Winter«, sagte Migra.

»Woher weißt du das?«

»Ich weiß es. Wir reden später noch darüber.«

Migra stellte die Teller und Gläser zusammen. Nauka half ihr beim Abwaschen. Juan ging mit den Jungen hinaus und schlug ein Zelt am Bahndamm auf. Ihre Betten gehörten heute den Gästen.

Als dann nur noch das rote Lämpchen im dunklen Wagen brannte, saßen Migra und Nauka draußen auf der Treppe. Das Schwesterchen trank an Migras Brust.

Panelon wanderte zwischen den Baracken und Hütten umher. Nun kam er näher, aber er sah die Frauen auf der Wagentreppe nicht. Lange stand er still mit gesenktem Kopf neben dem Traktor. Er tat sechs, acht Schritte, machte eine halbe Wendung, ging drei Schritte, dann wieder acht Schritte zurück. Sah es nicht aus, als wollte er etwas abmessen? Jetzt lief er eilig zu seinem Karren, hob die Deichsel und zog ihn keuchend zu jener Stelle. Ringelblume stand nicht weit davon. Mißmutig hob sie den Kopf. Wollte er weiterfahren, mitten in der Nacht?

»Weshalb tut er das?« fragte Nauka und stand auf und wollte ihm helfen.

»Laß!« sagte Migra und hielt sie fest. »Er weiß, weshalb er das tut.«

Panelon kletterte in den Karren. Bald hörten sie den Strohsack knistern.

»Er wird nicht viel schlafen in dieser Nacht. Die Mule sind bei ihm. Gott möge ihm gnädig sein.«

»Du kennst ihn? Was weißt du von ihm?« fragte Nauka. Lange schwieg die Frau. Sie löste das schlafende Kind von ihrer Brust, schob seine braunen Fäuste unter ihr Schultertuch und schlug ihren Rock über seine Füßchen.

»Parni war von unserer Sippe«, sagte sie leise.

»Panelons Parni? Dann gehört er ja zu euch!« rief Nauka. »Damals gehörte er zu uns«, antwortete Migra und rückte ein Stück von ihr fort. Doch dann sagte sie schnell:

»Nein, nein. Ich will es vergessen. Das ist vorbei. Man muß die alten Feindschaften auslöschen.«

Erschrocken sah Nauka sie an.

»Feindschaft?« fragte sie. »Ich weiß nichts von Feindschaft zwischen eurer und unserer Sippe.«

»Nein, man hat euch nichts davon gesagt, das haben wir schon gemerkt. Ihr wärt sonst nicht hierhergekommen. Du kannst mir glauben, daß eure Leute euch hier bestimmt nicht suchen. Hier ist unser Wandergebiet. Sie geht uns aus dem Weg, die alte Mara. Aber lassen wir das jetzt. Es hat genug Tod und Leid gegeben. Auch genug Schuld. Wir werden zu euren Leuten fahren und ihnen sagen, daß ihr bei uns wart. Mögen dann die alten Schatten vergessen sein.«

»Willst du nicht deutlicher reden?«
Migra schaute auf das Kind in ihrem Schoß. »Wer weiß, was es versteht? Es ist noch so klein. Aber die Herzen der Unschuldigen hören alles, was wir in ihrer Gegenwart sprechen. Es soll davon nichts wissen. Warte, ich bringe es in den Wagen.«
Als sie wiederkam, setzte sie sich dicht neben Nauka und zündete eine Zigarette an. Lange Zeit rauchte sie schweigend. Dann fragte Migra:
»Weißt du, daß er geächtet war? Ausgestoßen?«
»Panelon?«
»Fünf Jahre lang. Danach hat Mara, eure Großmutter, ihn aufgenommen. Vielleicht auch schon, ehe die Frist abgelaufen war. Man hat es uns erzählt. Sonst hält sie es wohl streng mit den alten Gesetzen, und sie wußte auch gut, was das für sie selbst und euch alle bedeutet hat: daß ihr mit ihm geächtet wart. Aber sie hat es wohl wegen des Jungen getan. Heißt er nicht Mateo?«
»Ja, Mateo! Jetzt ist er ein Mann. Er ist Puppenspieler, und lesen und schreiben kann er. Alle seine Stücke schreibt er selbst. Und er ist ein guter Sohn.«
»Hat er schon eine Frau?« fragte Migra.
»Mateo? Nein . . .« sagte Nauka mit einem Zögern.
»Aha! Also wird er bald eine haben. Viel Glück, schöne Nauka!«
Dann schwiegen sie lange.
Ein Hund kläffte zwischen den Hütten. Eine Barackentür fiel hart ins Schloß.
»Ja, ich habe ihn gleich wiedererkannt, den Panelon«, sagte Migra. »Dich auch, Nauka. Du siehst deiner Mutter ähnlich. Die kleine Pimmi ist dunkel und schmal wie Mara. Früher waren wir oft zusammen bei Hochzeiten, Kindtaufen oder Begräbnissen. Auch beim Sarafest standen unsere Wagen immer beieinander.«
»Und dann?«
»Dann kam die Zeit, in der die Braunhemden und ihre bösen schwarzen Brüder dieses Land regierten. Zuerst merkte man nicht viel davon. Was kümmern uns die Regierungen und die Grenzen? Man geht den Uniformierten aus dem Weg und lebt sein eigenes Leben. Daß sie uns schief ansahen wegen unserer dunklen Haut, daran waren wir längst gewöhnt. Aber damals kam es schlimmer. Sie verlangten, daß wir

nicht mehr wandern sollten. Die Wagen wurden von den Rädern gehoben, alle Namen schrieben sie in lange Listen. Jede Woche mußten wir uns melden, oder sie machten Kontrollen im Lager. Sie hatten nämlich einen Krieg angefangen, die Braunen, und wir sollten ihnen dabei helfen. Wir Frauen mußten in die Fabriken, die Männer sollten Soldaten werden. Aber die schickten sie bald zurück. Hast du schon einmal einen Zigeuner gesehen, der Soldat war? Dafür taugen wir nicht, Gott hat uns für eine friedliche Welt erschaffen. Es gibt Sippenfeindschaften unter uns, aber Kriege haben wir noch nie geführt. – Doch was wußten die Braunen und Schwarzen von unserer Art? Die hatten Stimmen wie Messer, und Ohren nur am Kopf, nicht im Herzen.

Bald gingen also unsere Männer und Frauen in die Fabriken. Wir waren ja immer geduldig und vertrauensvoll und dumm. Man mußte uns nur ein bißchen scharf kommen, gleich duckten wir uns. Ach, das ganze Land duckte sich. Was soll ich dir sagen? Wie vor einem Gewitter war es, wenn die Vögel und die Bäume stumm werden. Aber nicht alle haben das gespürt.

Wir waren damals in einer großen Stadt im Norden, wo die vielen Fabriken und Kohlengruben sind. Sie hatten uns Plätze angewiesen in einer Siedlung, ähnlich wie diese. Ich war noch jung und unverheiratet, meinen Juan habe ich später in Spanien kennengelernt. Parni war meine Kusine, sie hatte fünf Kinder, und Panelon verdiente gut, weil er abends nach der Fabrikarbeit Puppenköpfe schnitzte. Die ließen sich gut verkaufen. Parni war alle Feierabende und alle Sonntage damit unterwegs.«

»Und dann?« fragte Nauka.

»Und dann fing es an. Zuerst erfuhren wir von Freunden, daß man an anderen Orten die Zigeuner in große Sammellager schickte, zusammen mit den Juden. Es hieß: Alle Juden und Zigeuner sind schlecht. Man darf sie nicht bei den anderen Menschen leben lassen. Wir haben nichts davon verstanden. Lager? Was heißt das? Wir leben immer im Lager. Und weshalb sollten wir schlechter sein als die Gadsche? Wir sagten: Das sind Märchen. Sind wir nicht auch hier im Lager, und es geht uns gut? Wir wollen ja gar nicht mit den Gadsche zusammenleben.

Dann hörte man, in den großen Sammellagern, Konzentrationslager

nannten sie das, hielte man die Männer, Frauen und Kinder getrennt. Unsinn! sagten wir. So etwas gibt es doch gar nicht. Familien gehören zusammen, so hat Gott es gewollt. Daran kann kein Mensch etwas ändern.
Bald wurden die Botschaften noch schlimmer. Das meiste erfuhren wir von Juden, die sich bei uns verstecken wollten. Eine junge Jüdin hat länger als ein halbes Jahr bei uns gelebt. Sie schlief in Ehra-Mamis Bett, und wenn die Kontrollen kamen, hat die alte Frau ihr Federbett über sie gedeckt. Fast hundert Jahre alt war die Ehra-Mami damals, aber die Schwarzen haben nicht gewagt, ihr zu nah zu kommen! Diese junge Frau also, und auch die anderen Juden, die zu uns kamen, erzählten schreckliche Dinge: In den Konzentrationslagern müßten die Leute schwer arbeiten, und sie bekämen nicht genug zu essen. Man spritzte ihnen Krankheiten ins Blut, und wenn sie zu krank, zu alt oder zu schwach für die Arbeit wären, würden sie nachts mit Lastautos fortgebracht, und niemand hörte mehr etwas von ihnen. Wir glaubten auch das nicht. Krankheiten, sagten wir, kommen von Gott. Kein Mensch hat die Macht, einen anderen krank zu machen, wenn er nicht zaubern kann. Aber nach Zauberwissen sahen die Schwarzen und Braunen nicht aus. Und die Alten und Schwachen muß man schützen, niemand darf ihnen Böses tun. So dachten wir. Aber wir hätten ihnen glauben sollen. Vielleicht lebte Parni dann noch.
Eines Tages ist das schöne Judenmädchen aus Ehras Bett aufgestanden und den Männern von der Kontrolle entgegengegangen. ›Nehmt mich mit!‹ hat sie gesagt. ›Ich kann nicht mehr immer in Angst leben.‹ Und ich habe gesehen, wie man sie geschlagen hat, als sie abgeführt wurde. Da fingen wir an, das Böse zu glauben, als es für viele von uns zu spät war.
Weißt du, sie sahen ja nicht anders aus als alle Menschen, die Braunen und die Schwarzen und ihre Beamten. Man sah ihren Gesichtern nichts an. Manchmal kam auch eine Frau, die zu ihnen gehörte. Sie redete mit uns in unserer Sprache. Wie uns das freute! Aber sie wollte nur die Kinder aushorchen, sie hat sich verstellt und uns mit freundlichen Worten betrogen. Das böseste Böse ist schrecklich verborgen, du kannst es nicht fassen.«
Migra zündete sich eine neue Zigarette an und lehnte sich an die Wa-

gentür. Nauka fühlte, wie erregt sie war. Leise redete Migra weiter: »Eines Tages befahl die alte Ehra, wir sollten alles zum heimlichen Aufbruch fertigmachen. Sie sagte uns, die Stimmen der Mule hätten in der Nacht mit ihr geredet. Da wagte niemand mehr zu widersprechen. Wir waren aber eine Sippe von fast fünfzig Wagen. Unmöglich konnten wir gemeinsam fahren, man hätte uns sofort erwischt. So bestimmten wir durch das Los, wie jeder reisen sollte, und wir fuhren auf getrennten Straßen. Wir brachen auch nicht alle in der gleichen Nacht auf, sondern immer nur mit drei Wagen auf einmal, und zum Schein ließen wir viele Wagen leer zurück.
Unterwegs hielten wir uns auf Nebenstraßen und Waldwegen, wir fuhren auch nur bei Nacht. Angst und Hunger hockten auf jedem Wagentritt. Damals haben wir gestohlen wie die Raben, weil wir doch nicht am hellen Tag in die Dörfer gehen und etwas verkaufen oder kaufen konnten.
Aber nicht alle Gadsche waren vom Teufel regiert, das merkten wir gut. Sie duckten sich, sie schwiegen, aber sie gaben uns Milch für die Kinder und Hafer für die Pferde, wenn wir nachts bei ihnen anklopften. Sie zeigten uns auch die kürzesten Wege zur Grenze und die heimlichen Übergänge, die Gadsche. Wären sie nicht damals so gut zu uns gewesen, ich hätte niemals in dieses Land zurückkehren wollen. Die meisten von unserer Sippe sind auch in Frankreich und Spanien geblieben. Deshalb reisen wir allein.«
Migra warf die Zigarette fort, trat sorgfältig die Glut aus und zündete gleich wieder eine neue an.
»In Madrid haben wir uns dann wieder getroffen – nach vielen Wochen oder Monaten. So war es ausgemacht. Aber es kamen nicht alle. Manche hatte man noch in Deutschland gefaßt, andere im Elsaß und in Lothringen. Wir hörten nie wieder von ihnen. Du hast Tereina gesehen. Sie ist in solch einem Konzentrationslager geboren, und dann kam ihre Mutter allein mit dem Kind zurück. Der Krieg war vorüber, aber sie hatte keinen Wagen mehr, keinen Mann und keine Kraft zu leben. Bald danach ist sie gestorben. Die seßhaften Leute haben es mir erzählt. Ich will nun schweigen. Du weißt, was du wissen mußt.«
»Und Panelon und Parni? Von ihnen hast du nichts mehr gesagt. Was ist mit Parni und den Kindern geschehen? Weshalb mußte Panelon ein

Ausgestoßener sein? Was geschah denn bei den roten Felsen?«
»Du fragst viel. Aber es ist nicht meine Sache, darüber zu reden. Panelon mag es dir selbst erzählen.«
»Sein Kopf ist wirr und krank. Er hat es vergessen.«
»Wie soll ich das glauben?« rief Migra ärgerlich. »Man vergißt nicht, was man Böses getan hat!« Sie biß sich auf die Lippen. »Laß nur, ich habe ein eiliges Mundwerk.«
»Er weiß nicht mehr, wo die roten Felsen sind.«
»Aber ich weiß es.«
»Du kennst den Weg?«
»Ich war einmal mit Juan dort.«
Sie gingen in den Wagen und zündeten eine Kerze an. Lange saßen sie am Tisch vor der ausgebreiteten Karte. In zwei oder drei Tagen könnten sie die Stelle erreichen, meinte Nauka.
»Und was werden wir dort finden?« fragte sie.
»Die Wahrheit«, sagte Migra.
Später, als sie das Licht gelöscht hatte, flüsterte sie: »Panelon. Sein Name bedeutete Wasser und Salz. Tränen! Ich will nicht mehr im Zorn an ihn denken. Vielleicht hat er wirklich vergessen, was dort geschehen ist. Sei gut zu ihm, Nauka.«

Früh am anderen Morgen kam Juan und weckte sie. »Steht auf! Der alte Mann hat das Pferd schon vor dem Karren.«
Eilig tranken sie den Kaffee, den Migra ihnen gekocht hatte. Panelon aß und trank nichts. Er blickte weg, wenn Migra in seine Nähe kam.
»Er hat mich erkannt!« flüsterte sie Nauka zu. »Sag ihm, daß ich alle Feindschaft vergessen will.«
Juan schenkte Pimmi einen Korb für die Hühnchen. Auch Tereina kam wieder. Sie brachte Brennesselblätter und ein feingehacktes Ei. Pimmi sah ihr zu, wie sie die Tiere fütterte. Sie unterhielten sich mit Zeichen und Gebärden. Manchmal lachte Tereina, aber ihr Lachen klang kollernd und rauh. Ihre Schultern und ihr Rücken zuckten dabei, und ihr Mund verzog sich, als wollte sie weinen.
»Das Lachen muß sie auch noch lernen«, sagte Migra, als sie mit Nauka an den beiden vorüberkam. »Sie hat es nicht gut bei den Leuten. Ich kann mit denen nicht auskommen.«

Dann mußten sie Abschied nehmen.
»Geht mit Gott. Wir werden uns wiedersehen«, sagte Migra.
»Bleibt mit Gott!« sagten Nauka und Pimmi. Panelon schwieg und blickte wieder weg.

Sie kamen weit an diesem Tag, aber sie fuhren nicht auf den Straßen, von denen Migra am Abend vorher mit Nauka gesprochen hatte.
»Ich muß meinen eigenen Weg fahren. Auf dem Landkartenweg kann ich die Felsen nicht finden«, sagte Panelon. Er schimpfte aber nicht wie sonst, wenn Nauka ihm widersprach. Als sie mittags rasteten, aß und trank er, was Nauka ihm gab und setzte sich abseits, sobald er fertig war.
Am Nachmittag ging er mit dem Löffelkasten in ein großes Dorf. Er brachte Pimmi eine dicke Lakritzstange mit. Er sagte: »Luludi, meine jüngste Tochter, mochte das schwarze Zeug gern essen. Als wir damals durch dieses Dorf kamen, war es Nacht und ich konnte ihr nichts kaufen. Iß, Pimmi.«
Abends blieben sie bei einer Feldscheune. Panelon ging rund um das leichte Bretterhaus, beklopfte die Wände und sagte:
»Die haben sie umgebaut. Damals war sie nicht so groß. Tamli, meine große Tochter, hat hier Heu geholt für unsere Pferde. Drüben am Hang standen die Wagen, nicht hier, nicht so nahe beim Weg.«
Mitten in der Nacht wachte Nauka auf, weil Panelon mit Ringelblume sprach. Er schirrte sie! Verschlafen kletterte Nauka aus dem Wagen. Panelon sagte nur: »Es muß so sein. Anders kann ich den Weg nicht finden. Damals sind wir doch auch bei Nacht gefahren. Schlaft nur weiter. Ich will allein sein.«
Am Morgen stand der Karren in einer Schonung. Panelon lag im Gras und schlief.
Als Nauka ihm ein Bündel Stroh unter den Kopf schob und eine Decke über ihn legte, murmelte er: »Kein Feuer anzünden, hörst du? Der Förster hat es verboten, damals. War eine guter Mann. Hat uns Milch und Brot und Speck für die Kinder gegeben.«
Dann schlief er weiter.
Nauka und Pimmi pflückten Brombeeren und suchten Pilze. Erst am Nachmittag wachte Panelon auf. Er setzte sich zu ihnen und begann,

an einem knorrigen Aststück zu schnitzen.
»Was soll daraus werden?« fragte Pimmi.
»Warte!« sagte er und lächelte.
Bald sahen sie, was Panelon schnitzte: einen Kopf mit breit lachendem Mund, spitzer Nase und schwarzer Borkenkappe.
»Ein Kasper!« rief Pimmi. »Ein Kirmes-Kasper!«
»Solche Köpfe habe ich für Terno geschnitzt«, sagte Panelon. »Terno war krank. Gott hatte seinen Rücken schief gemacht, und seine Beine waren zu schwach zum Laufen. Aber sein Herz war schön wie ein gesunder junger Baum, und sein Geist war flink und feurig. Mit solchen Handpuppen hat er auf den Jahrmärkten für die Kinder gespielt. Und Geschichten konnte Terno erzählen!« Panelon lachte stolz. »Ja, so war mein Terno, mein zweiter Sohn.«
Früh am Abend brachen sie wieder auf. Nauka mochte sich nicht zu Pimmi in den Wagen legen. Sie sah auf der Landkarte, daß sie nun nicht mehr weit von den roten Felsen sein konnten.
Einmal hielten sie in der Nacht bei einem Brunnen an, und Panelon erzählte:
»Wir mußten frühzeitig rasten, weil überall auf den Straßen und Waldwegen Soldatenkolonnen unterwegs waren, und wir fanden keine Quelle bei unserem Lagerplatz. Die Frauen hatten kein Wasser für die Suppe, und die Pferde waren durstig. Da machte Panelon, mein ältester Sohn, sich allein auf den Weg. Es war eine Nacht wie diese, ohne Mondlicht. Aber mein Panelon verstand die Sprache der Wolken und Winde. Er fand diese Quelle und führte uns hierher. Am Morgen danach sahen wir die roten Felsen. Dort wollten wir durch den Fluß und hinüber ins andere Land.«
Ein feiner Dunstschleier bedeckte den Himmel. Doch Panelon führte sein Pferd so sicher durch die Dunkelheit, als sei er diesen Weg schon oft gegangen.
Als es hell wurde, hielt er an. Der Karren stand auf einem freien, baumlosen Hügel. Links unter ihnen lag ein Dorf, eine Pappelallee führte von dorther zum Hügel. Es mußte aber noch ein Gehöft in der Nähe sein, Nauka hörte einen Hahn krähen.
Panelon sagte: »Das ist bei Claude. Der Hof liegt unter dem Hang, deshalb kannst du ihn nicht sehen. Die Straße führt daran vorbei.«

An der anderen Seite wuchs nur niederes Gestrüpp am Abhang. Unten im Tal zog träge ein kleiner Fluß.
»Drüben ist Frankreich«, sagte Panelon. »Das Wasser ist seicht. Wir kannten den Übergang. Die anderen sind leicht hinübergekommen in jener Nacht.«
Er sah sie an. »Nun muß ich allein weitergehen, Nauka.«
»Wann kommst du zurück?«
»Wenn ich mit ihnen gesprochen habe.« Er ging den Hügel hinab. Nauka sah über den Büschen eine rote Felsspitze. Sie lief hinter Panelon her, sie wollte etwas rufen, brachte aber keinen Ton heraus und rannte wieder zum Wagen.
»Wach auf, Pimmi! Wir sind bei den roten Felsen!«
»Das ist gut«, sagte Pimmi und reckte sich. »Bald wird er wieder froh sein. Wir wollen ein Feuer anzünden und Tee für ihn kochen. Man muß ein Fest feiern.«
»O Pimmi, du weißt nicht . . .«
»Ich weiß nichts. Aber ich habe Ohren.«
»Was hast du gehört?«
»Der Hahn hat gekräht bei einem Mann, der Claude heißt. Vielleicht finden wir auch noch einen Hahn? Dschabri und ihre Schwesterchen würden sich freuen.«
»Wovon redest du?«
»Von meinen Hühnern«, sagte Pimmi. »Und du mußt jetzt ins Dorf gehen. Nimm den Löffelkasten mit, auch die Deckchen. Dann mußt du einkaufen: Brot und Fleisch und Bohnen für ein Festessen. Für Luludi mußt du eine Lakritzstange kaufen, ich habe die andere leider schon aufgegessen. Für Terno Papier und ein Schreibding, vielleicht möchte er seine schönen Geschichten gern aufschreiben wie Mateo seine Puppenspiele. Für Tamli kaufst du ein schönes Kopftuch und für den jungen Panelon ein Taschenmesser wie das aus dem Dorfladen, du weißt schon. Was sollen wir Parni geben? Ich weiß: Kauf ihr einen schönen Kamm und ein Stück Seife. Das soll nach Rosen riechen. Und Salz, Parni muß auch Salz haben, damit sie für die Kinder kochen kann. Wirst du wohl genug Geld bekommen für die Löffel und die Deckchen?«
»Aber, Pimmi . . . Du weißt nicht . . .«

»Ach ja! Du mußt auch Kerzen kaufen. Fünf schöne, weiße Kerzen für Parni und die vier Kinder. Sind Kerzen sehr teuer? Ich glaube, man darf sie auf keinen Fall mitnehmen, man muß sie unbedingt bezahlen.«
Nauka nahm ihre kleine Schwester fest in die Arme. Pimmi preßte ihr Gesicht in Naukas Halsgrube und flüsterte:
»Man muß nicht alles wissen, Nauka. Man hört es doch mit den anderen Ohren?«
»Ja«, sagte Nauka. »Ja, Pimmi.« Naukas Hals wurde naß.
»Jetzt geh«, flüsterte Pimmi und zog die Nase hoch. »Ich bleibe hier, damit Panelon nicht allein ist, wenn er zurückkommt. Ich will auch schon Feuerholz suchen. Beeil dich, Nauka!«
So wanderte Nauka mit dem Löffelkasten zum Dorf hinunter. Pimmi stand oben, drängte sich an Ringelblumes warmen Bauch und sah der großen Schwester nach. Jetzt war Nauka bei den ersten Häusern. Sie blieb stehen, redete mit einem Mann.
»Komm bald wieder!« flüsterte Pimmi. Dann machte sie Ringelblumes Zügel an einem Strauch fest und lief dorthin, wo man die rote Felsspitze über den Büschen sah.
Sie kam zu einem Steinbruch. Hier war wohl schon lange nicht mehr gearbeitet worden. Fahle Gräser wehten über den roten Gesteinsbändern, dichtes Gebüsch überwucherte den Grund. Auf Händen und Knien kroch Pimmi am Felsenrand entlang und spähte in die Tiefe.
Dort stand Panelon. Er lehnte an einem kantig behauenen Block. Den Hut hatte er neben sich gelegt, nun wehte sein Haar im Wind.
Pimmi zog sich vorwärts bis zu einer Klippe über Panelons Kopf. Sie stellte drei kleine Figuren auf die Steinkante.
»Paßt gut auf, ihr drei!« flüsterte sie und kroch zurück. Mit Hüpfschritten, Wechselschritten, lustigen kleinen Tanzschritten lief Pimmi zu Ringelblume zurück.
»Du hast schon graue Haare, wie Panelon!« sagte sie und zupfte an den hellen Stoppeln neben Ringelblumes weichem Maul. »Aber wir brauchen uns keine Sorgen mehr zu machen. Die heilige Sara, der heilige Herr Luther und der heilige Buddha sind jetzt bei ihm. Ich habe sie mir bei Migra ausgeliehen. Die wird schon nichts dagegen haben.«

»Bonjour!« rief der Mann am ersten Haus. »Ein schönes Zigeunermädchen! Das bringt Glück, so früh am Tag!«

»Guten Morgen«, sagte Nauka. »Brauchen Sie Löffel?«

Nein, Löffel brauchte er nicht, auch keine Spitzendeckchen. Aber er rief seine Frau: »He, Jeannette! Eine Zigeunerin! Laß dir wahrsagen.«

Eine junge Frau lief aus dem Haus.

»Vite-vite!« rief sie und streckte Nauka die flache Hand entgegen. Ein Markstück lag darauf. Wie fröhlich sie waren!

»Die Sonne soll scheinen über deinem Haus«, sagte Nauka. »Aber wahrsagen kann ich nicht. Das tun nur die älteren Frauen.«

»Schade, aber das Geld sollst du trotzdem haben. Dein Wunsch war gut. Steck ein und zaubere uns noch ein bißchen Glück aufs Dach.«

»Ich kann nicht zaubern«.

»Es ist wahr«, sagte der Mann. »Wenn die Zigeuner wirklich zaubern könnten, hätten sie es besser, mon Dieu!«

»Wissen Sie etwas von – damals?« fragte Nauka.

»Damals? Was meinst du, Mädchen?«

»Was wissen Sie, bitte?«

Der Mann sah seine Frau an, dann Nauka, dann wieder seine Frau. Schließlich sagte er:

»Ich weiß nicht viel. Jeannette könnte dir mehr davon erzählen. Sie kommt aus dem Hof dort oben am Hügel.«

»Wo die roten Felsen sind?«

»Scheußliche Dinge sind damals geschehen.«

»Ich weiß. Deshalb sind wir hier«, sagte Nauka leise.

»Ihr solltet es vergessen«, sagte die junge Frau. »Warst du bei denen, die noch hinübergekommen sind? Du mußt ein ganz kleines Kind gewesen sein.«

»Ich bin mit einem Onkel gekommen. Seine Frau war dort bei den Felsen. Und dann ... ich weiß nicht, was dort geschehen ist.«

»Lentement, Jeannette«, flüsterte der Mann. »Wenn sie es nicht weiß, wirst du es ihr nicht sagen. Man kennt doch die Zigeuner. Gleich heißt es dann: Rache! Rache!«

Nauka schüttelte den Kopf. »Erzählt es mir. Ich muß es wissen.«

Leise fragte Jeannette: »Ob er es ist, Anton? Ich glaube, er hieß Paul.«

»Panelon«, sagte Nauka.

»Ja!« rief Jeannette. »Panelon!«

»Pst«, machte Anton. »Philippe kommt.«
Ein grauhaariger Mann fuhr mit einem Ackerwagen vorüber. Er hielt an und rief: »Bonjour, Anton! Bonjour, Jeannette! Habt ihr . . .« Dann sah er Nauka und verstummte. »Ich wollte nur fragen, ob ihr schon angefangen habt mit dem Brennen«, rief er und fuhr weiter.
Im Nachbarhaus flog eine Tür auf. Eine dicke Frau mit grell gemusterter Schürze lief dem Wagen ein paar Schritte nach:
»Eine Zigeunerin, Philippe! Hast du's gesehen? Eine Zigeunerin! Oder schaust du lieber weg?«
Philippe hielt den Wagen an.
»Fängst du schon wieder an, Therèse?«
»Ich fange nicht an, mon ami, ich hab noch gar nicht aufgehört!«
»Schandmaul! Und du hast gut dabei verdient!«
Plötzlich waren viele Leute auf der Straße.
»Weshalb starren mich alle an?« fragte Nauka. »Und was bedeutet der Streit?«
Anton hielt die dicke Therèse an der Schürze fest. »Komm her«, sagte er. »Das Mädchen will wissen, was damals war.«
»Was soll schon gewesen sein? Zwei Zigeuner kamen abends in meine Wirtschaft. Claude, Jules, Charles, Philippe und noch ein paar von unseren Männern saßen dort. Was die Zigeuner wollten, war leicht zu merken. Sie redeten nicht lange drumherum und fragten, ob man hier gut durch die Furt im Fluß käme. Unsere Männer schwiegen und taten, als hätten sie Sägemehl in den Ohren. Sie hatten Angst vor den Braunen. Nur Claude stand auf und gab einem von den beiden Zigeunern einen Wink. Sie redeten im Hof miteinander. Dann kam der Zigeuner zurück und wollte seinen Kumpan holen. Aber der trank und machte Späße und sagte, er würde schon beizeiten nachkommen. Will mir dafür jemand einen Vorwurf machen? Er zahlte bar, er gab sogar Runden aus für die anderen, und ich war eine arme Witwe. Sag selbst, Anton, was sollte ich tun?«
»Schon gut«, sagte Anton. »Erzähl weiter. Das Mädchen will alles wissen!«
»Also, der eine Zigeunermann ging, der andere blieb und trank. Dann ging Philippe, und bald darauf brachen Jules und Charles auf. Die anderen sahen dem Zigeuner zu, wie er Köpfe aus Papier schnitt und lie-

ßen sich tolle Geschichten von ihm erzählen. Eine lustige Gesellschaft war das. Bis Charles wieder zurückkam, ganz aufgeregt –«

»Jawohl!« rief ein kleiner, schwarzbärtiger Mann. »Ich war noch ein Stück weit mit Jules zu seinem Hof hinausgegangen. Plötzlich hielt neben uns ein Lastauto. Braune saßen darin, die wollten wissen, wo es in unserem Dorf Zigeuner gäbe. Woher sie das wußten, kann Philippe vielleicht nachher erzählen? Wir jedenfalls stellten uns dumm, und als der Wagen weiterfuhr, rannten wir los, Jules den Berg hinauf zu Claude und in den Steinbruch, ich auf dem Wiesenweg zu Therèse. Da saß dieser eine Zigeuner noch und war so vergnügt, daß er mir einfach kein Wort glaubte. Und die anderen? Die sagten: ›Wichtigtuer! Stör uns nicht!‹ Keiner hat mir geholfen, und Therèse brachte immer neuen Schnaps. Eine halbe Stunde lang habe ich versucht, den Kerl auf die Beine zu bringen. Es wäre noch Zeit gewesen, das weiß ich von Jules und Claude. Das ganze Unglück hätte nicht geschehen müssen.«

»Laßt mich jetzt weitererzählen«, sagte Jeannette. »Ich war damals ein Kind, aber ich weiß noch gut, wie Jules uns in der Nacht geweckt hat. Mit Vater Claude rannte er zum Steinbruch. Dort standen die Wagen schon fahrbereit, aber sie wollten nicht fort, ehe der Mann aus dem Wirtshaus zurückkäme. Sie warteten, bis es fast zu spät war. Dann fuhren zwei von den Wagen durch die Furt im Fluß, mein Vater und Jules lenkten sie selbst. Der dritte Wagen blieb im Steinbruch, denn die Frau wollte unbedingt auf ihren Mann warten. Bald darauf waren die Braunen dort. Sie luden die Frau mit ihren Kindern auf das Lastauto und legten Feuer an den Wohnwagen. Mutter Annette stand an unserem Hoftor und sah den roten Schein und sah die Familie auf dem Auto. Die Zigeunerin saß wie versteinert. Als sie aber meine Mutter sah, sprang sie auf und rief ihr etwas zu, und dann flog ein Bündel in den großen Weidenbusch an unserer Hauswiese. Mutter Annette lief hin und fand ein Kind, einen kleinen Jungen. Später, gegen Morgen, kam der Zigeunermann aus Therèses Wirtschaft. Er schrie, als hätte er der Verstand verloren. Meine Eltern holten den Mann in ihren Hof und versteckten ihn, auch ein Pferd, das noch im Steinbruch stand. Wie lange sie bei uns blieben, weiß ich nicht, jedenfalls waren sie eines Tages fort. Mir tat es leid, ich konnte schön mit dem kleinen Zigeunerjungen spielen. Mateo hieß er, das weiß ich noch.«

»Deine Eltern sind gute Menschen, Jeannette«, sagte Charles.
»Aber es gab wohl auch andere bei uns, nicht wahr, Philippe?« rief jemand aus dem Kreis.
Philippe fuhr wütend auf.
»Immer ich! Immer ich! Überhaupt, – was soll das ganze Geschrei und Gerede? Wahrscheinlich hatten die Zigeuner es in den Lagern besser als in ihren verlausten Wagen. Außerdem hätte der Mann ja auch selbst auf seine Familie achtgeben können.« Wütend sprang er wieder auf den Traktor und fuhr weg. Alle sahen ihm nach.
»Der hat sie den Braunen verraten«, sagte jemand. »Aber wir anderen, wir haben alle geschlafen.«
Die Leute gingen wieder in die Häuser.
»Wo ist das Mädchen?« fragte Jeannette.
Nauka war in Jeannettes Haus gelaufen. Sie rannte durch einen schmalen Gang in den Garten, kletterte über einen Zaun und lief auf einem Wiesenpfad zum anderen Dorfende. Dort erst wagte sie sich wieder auf die Straße. Wo war ein Laden? Da drüben!
Schrill bimmelte das Türglöckchen. Eine alte Frau kam aus der dunklen Hinterstube. Nauka legte Panelons Löffel auf den Ladentisch, breitete Mutter Savinas Deckchen daneben aus und legte das Fünfzigpfennigstück von Jeannette auf den gläsernen Zahlteller.
»Das ist alles«, sagte sie. »Können Sie mir bitte Kerzen geben, fünf weiße Kerzen? Und einen Kamm und Seife, und ein Heft, einen Bleistift, eine Stange Lakritz? Und ein Kopftuch brauche ich, und ein Taschenmesser. Und bitte: eine Handvoll Bohnen und ein kleines Stück Fleisch. Gott soll es Ihnen danken.«

»Hast du alles?« fragte Pimmi. Sie war Nauka entgegengelaufen und sprang nun vergnügt neben ihr her.
»Alles«, sagte Nauka.
Sie ließen nur die Kerzen beim Wagen zurück, dann liefen sie zum Steinbruch. Dichtes Gestrüpp wucherte auch dort, wo früher die Einfahrt gewesen war. Endlich fanden sie einen Pfad; aber der war mit einem Motorrad verstellt.
Pimmi schlich voran und bog für Nauka die Zweige zurück. Plötzlich

blieb sie stehen, legte die Finger auf die Lippen und lachte mit breitem Mund.

Da saß Panelon, und neben ihm saß Mateo! Sie sprachen leise miteinander. Panelon sah friedlich und glücklich aus.

»Du kommst mit Gott!« flüsterte Nauka.

»Ich finde dich mit Gott!« sagte Mateo.

Mit spitzen Steinen scharrten sie eine kleine Grube am Fuß der roten Felswand. Pimmi legte die Gaben hinein, das Salz, den Kamm und die Seife für Parni, das blitzende Taschenmesser für den jungen Panelon, Schreibheft und Bleistift und den hölzernen Kasper für Terno, ein buntes Kopftuch für Tamli, und für Luludi eine dicke, lange Lakritzstange. Jeder warf eine Handvoll Erde und eine Münze dazu, und Mateo deckte Gras und Steine darüber. Sie sprachen kein Wort dabei, und schweigend gingen sie zum Karren zurück.

Nun brach Panelon ein Brett von der Seitenwand und nagelte die fünf Kerzen darauf. Damit stiegen Nauka und Pimmi zum Fluß hinab.

Es dämmerte schon, als sie die Kerzen anzündeten. Schaukelnd zogen die Lichter mit der Strömung davon. Die Kinder knieten am Ufer und sahen ihnen nach. Nun hatten sie getan, was sonst die Frauen der Sippe taten: Sie hatten die Seelen auf den Weg geschickt in das Reich des Friedens. Nun durfte niemand mehr traurig sein. Sie liefen zurück zu Panelon und Mateo.

»Hunger!« rief Pimmi.

Das Feuer brannte schon. Nauka tat Bohnen und Fleisch in den Topf, wie es sich gehört für ein Gedächtnismahl und für ein Freudenfest.

Panelon stocherte in der Glut.

»Du warst im Dorf, Nauka?« fragte er leise.

»Ich war im Dorf, Panelon.«

»Nun kannst du mich nicht mehr liebhaben.«

»Die Lichter sind den Fluß hinabgezogen in das Land des Friedens«, sagte Nauka, und sie verneigte sich vor ihm, wie man sich vor alten Leuten verneigt.

Mateo zog Pimmi beiseite. »Schau, was ich auf der Klippe gefunden habe.«

»Ach!« rief Pimmi.

»Tja«, sagte Mateo. »Migra meint, man müßte dir sagen, daß man

seine Freunde nicht bestehlen darf.«
»Nur geliehen! Bestimmt!« flüsterte Pimmi.
»Was sprecht ihr von Migra?« rief Nauka vom Feuer herüber.
Mateo lachte. Es gab eine lange, lustige Geschichte von Migra zu erzählen. Sie hatte nämlich vorgestern den Polizisten in Otterau unter Tränen und Geschrei gestanden, daß niemand anders als sie und ihr Mann bei Gerlau zwei Rinder gestohlen hätten, ja vor zehn Tagen, ganz genau! Und es ließe ihrem Gewissen keine Ruhe, daß nun ihre besten Freunde und Verwandten unter falschem Verdacht im Gefängnis sitzen müßten.
Man hatte das alles aufgeschrieben und gestempelt und Tino, Jerko und Mateo wurden heute morgen freigelassen. Nur Bubala mußte noch bleiben, weil er den Polizisten mit dem Messer bedroht hatte.
Natürlich saß nun Juan im Gefängnis. Aber Migra behauptete, ihn würde sie morgen wieder abholen. Sie konnte nämlich beweisen, daß er vor zehn Tagen weit fort von Gerlau gewesen war, drüben auf der anderen Rheinseite. Ihre Viehdiebe sollten die Polizisten anderswo suchen, nicht bei den Zigeunern. So war also Mateo auf Juans Motorrad hierhergefahren. Tino und Jerko wollten zu den Frauen nach Blasberg, und später würden sie sich alle in der Stadt mit der roten Kirche treffen.
Bis man sie dort wieder aufgespürt hatte, würde der Viehdiebstahl hoffentlich aufgeklärt sein.
»Migra ist wirlich sehr klug«, sagte Pimmi. »Ich werde ihr den heiligen Buddha bestimmt zurückgeben.«
Später besuchten sie Claude und Annette.
Sie saßen in der warmen Küche um den langen Tisch. Panelon mußte erzählen, wie es ihm und dem Jungen ergangen war. So berichtete er zum ersten Mal von den langen, trostlosen Wanderjahren.
Durch Frankreich und Spanien zogen Panelon und Mateo damals mit einem Wanderzirkus. Ringelblume hatte schnell ein paar Kunststücke gelernt, und Mateo verdiente etwas als Stalljunge und Kartenverkäufer. Sie hatten genug zu essen und konnte sich bald den Karren kaufen.
Aber sooft sie anderen Zigeunern begegneten, wandte man ihnen den Rücken zu, rief man die Kinder zurück, mit denen Mateo spielen wollte. Der Ball, den der Kleine einmal aufgehoben hatte, wurde ins

Feuer geworfen. Keiner hätte ihnen ein Stück Brot gegeben oder einen Schluck Wasser oder eine Kohle von der Glut des Lagerfeuers. Sie waren tot für die Leute ihres Volkes, schlimmer noch, sie waren wie Tote, an die niemand mehr denkt. Bis Mara ihren Bruder und Mateo zu ihrer Sippe nahm.
»Aber gerecht war es so«, sagte Panelon. »Durch meine Schuld mußten Parni und meine Kinder verloren sein. Sollte ich nicht ihren Tod teilen? Ich wollte es vergessen, aber Parnis Mula ließ mit keine Ruhe, bis ich hierher zurückkam. Heute morgen habe ich mit ihr und den Kindern gesprochen. Jetzt werden sie im Land des Friedens bleiben.«
»Alles ist wieder gut«, sagte die alte Annette.
»Ich habe drei Hühnchen«, sagte Pimmi und blickte Annette an.
»Wenn ich einen Hahn hätte, würde ich ihn Claude nennen! Aber er soll nicht so alt sein wie Großvater Claude. Wir haben nicht soviel Platz im Korb.«
Als sie zum Wagen zurückgingen, hockte Claude, das Hähnchen, in Panelons Hut.
»Siehst du!« sagte Pimmi zu Nauka. »Ich hab es schon heute morgen gewußt!«

Mara und ihre Töchter

Sie brauchten viel Zeit für den Rückweg, weil Ringelblume an einem Tag kaum drei oder vier Dörfer weit laufen konnte.
So waren bald die Lebensmittel aufgezehrt, die Annette ihnen mitgegeben hatte. Es gab nur noch ein paar Krümel Tee in Panelons Dose und keinen Löffel mehr im Kasten, kein Deckchen mehr in Naukas Beutel.
»Nauka soll uns etwas zu essen besorgen, das ist Frauensache«, sagte Panelon. Er meinte, sie sollte betteln gehen. »Nimm Pimmi mit, sie ist geschickter als du, und Kindern geben die Leute gern etwas.«
Pimmi fand Betteln herrlich. War es nicht spannend, daß man niemals

wußte, was die Leute einem geben würde? Die einen schlugen einem die Tür vor der Nase zu, – die anderen hatten sie schon vorher abgeschlossen. Man konnte über sie lachen, wenn sie heimlich drinnen wisperten und warteten, daß man endlich weiterginge. Die einen stellten einem den Teller mit Suppe auf die Haustreppe, die anderen ließen einen in der Küche am Tisch sitzen. Die einen gaben widerwillig einen Kupferpfennig, die anderen wunderbare Dinge, an die man vorher gar nicht gedacht hatte: alte Kleider, zerbeultes Spielzeug, Brot, Äpfel, Pfannkuchen, Speck und Eier. Hinter jeder Tür wohnten andere Menschen, immer geschah etwas Neues, und am Ende konnte man oft einen Sack voll guter Dinge zum Wagen schleppen. Betteln war ein Spiel voller Überraschungen, fand Pimmi.
Nauka dachte anders. Sie fand das Betteln abscheulich. »Ich mag nicht!« sagte sie.
Mateo stopfte seine Pfeife mit gedörrten Brombeerblättern. Er sah sie an.
»Wenn ich meine Puppen hätte . . .«, sagte er. »Aber die habe ich bei Migra im Wagen gelassen.«
Panelon runzelte die Stirn: »Soll Mateo betteln gehen? Oder ich? Willst du, daß ein Mann das tut? Das hat es bei uns noch nie gegeben.«
»Ich friere! Die Leute werden mir eine Jacke oder einen Mantel schenken, bestimmt«, sagte Pimmi. »Wenn ich nicht sofort etwas Warmes anzuziehen bekomme, bin ich morgen krank.«
Auch Nauka fror in ihrer dünnen Bluse, und Pimmi hatte recht. Jeden Tag konnte es Regen geben, der Himmel war schon seit Tagen trüb.
Mateo sagte: »Es ist Herbst, und wir sind arm. Du brauchst nicht zu lügen, wenn du bettelst, Nauka.« Und wieder sah er sie an.
»Will sehen«, sagte Nauka und holte ihren Beutel aus dem Wagen. Sara war darin. Bis jetzt hatte Nauka noch nicht mit Mateo über die Puppe gesprochen. Weshalb? Ganz genau wußte sie das selbst nicht. Sara war ein Zeichen gewesen, eine geheime Botschaft. Jetzt fuhr Mateo mit ihnen, jetzt saß er bei ihnen am Feuer, jetzt schlief er nachts unter einer Zeltplane neben dem Wagen, und wenn Nauka aufwachte, konnte sie ihn atmen hören. Brauchte sie denn jetzt noch ein Zeichen? Ach, sie brauchte es mehr als je. Denn Mateo gab ihr keine Botschaft mehr. Ruhig und freundlich war er mit ihr, aber nicht anders als mit

seinem Vater oder mit Pimmi. Und Nauka sehnte sich sehr nach einer Botschaft von Mateo.
»Nimm das Kätzchen mit!« sagte sie zu Pimmi.
»Macki schläft. Ich will sie nicht stören.«
»Nimm sie mit. Vielleicht bekommen wir Milch für sie.«
Das sah Pimmi ein.
Stumm wanderte Nauka mit ihr zum Dorf. Heute abend wollte sie Mateo die Puppe zurückgeben. Was würde er sagen? – So, ja, sieh an, die hatte ich im Steinbruch dort vergessen, vielen Dank? Oder würde er sagen: – Behalt sie, Nauka. Sie war doch ein geheimes Zeichen für dich. Alle meine Puppen sollen dir gehören, wenn du meine Frau bist – ? So oder so könnte er sprechen. Nein, sie wollte ihm die Puppe nicht zurückgeben, heute noch nicht. Er selbst sollte danach fragen. War es nicht seine Sache, die geheime Botschaft deutlich auszusprechen?
Aber betteln wollte sie nicht. An einer Straßenkreuzung im Dorf spielten Kinder. Dort packte Nauka die Puppe aus.
»Ach«, sagte Pimmi enttäuscht. »Du willst gar nicht betteln?«
»Nein. Und du wirst Mateo kein Wort von Sara sagen, hörst du?«
Pimmi nickte. Sie verstand das so: Nauka wollte Sara gern behalten. Aber eigentlich durfte man doch seinen Freunden nichts wegnehmen?
Schnell sammelten sich Kinder und Erwachsene um die Mädchen. Nauka ließ die Puppe ein paar Schritte auf und ab laufen. Gleich wurde es still im Kreis. Macki saß noch vor Pimmis Füßen, stellte die Ohren hoch und folgte dem Spielding mit wachen Augen.
Sara begann zu tanzen. Aber sie tanzte heute nicht wie sonst. Steif, abgezirkelt, in starrem Takt klapperte die Puppe vor Naukas Füßen. Ihre gemalten Augen blickten dumm und stumpf. Ein totes Ding mit knarrenden Gelenken, eine lächerliche Maschine aus Holz, Draht und Stoff war Sara.
»Langweilig!« sagten die Leute.
Macki gähnte, reckte die Vorderpfoten lang und kniff die Augen schläfrig zu Schlitzen.
Nun verwirrten sich auch noch die Drähte in Naukas Hand. Saras Kopf drehte sich halb nach hinten, die Arme schlugen vor und zurück, das linke Bein kugelte aus dem Kniegelenk und blieb seitwärts abgewinkelt stehen.

Schadenfrohes Gelächter: »Sie kann nichts!«
»Will sich großtun mit dem Ding und versteht nichts davon!«
Die Leute gingen weiter.
»Nauka!« flüsterte Pimmi. »Wie soll sie tanzen, wenn du nicht singst?«
Nauka stopfte Sara verrenkt wie sie war in den Beutel und ging fort.
Pimmi sah ihr nach, und schielte verzweifelt. Was war mit Nauka?
»Die schielt prima!« sagte ein Junge.
»Ja!« sagte Pimmi. »Ich schiele immer so, wenn ich Hunger habe. Meine Augen werden dann zu schwach!«
Sie setzte sich auf die Erde, nahm Macki in den Schoß und machte ihr Jammergesicht.
Ein Mann gab ihr einen Groschen.
»Gott soll dich segnen!« sagte Pimmi. »Und wenn du einmal ganz arm wirst, soll jemand dir hundert Groschen schenken!«
Eine Frau warf ein Butterbrotpaket aus dem Fenster.
»Ich wünsche der guten Frau, daß sie niemals Bauchweh bekommt, auch wenn sie ein ganzes frisches, warmes Brot auf einmal ißt!«
Jetzt machte es den Kindern Spaß, immer mehr Gaben vor Pimmi auszubreiten, und Pimmi bezahlte für alles mit einem besonderen Segensspruch. Sie bekam Speck und wünschte den guten Leuten zwanzig Ferkel für ihr Schwein. Ein Junge brachte ihr einen Kohlkopf, und Pimmi wünschte ihm, er solle nie eine Glatze bekommen. Für eine Flasche Milch wünschte sie, daß die Kuh nicht krank werden möchte, falls ihr nächstens eine Nadel unter das Futter geriete, und als ein kleines Mädchen ihr eine Tüte mit Zwiebeln gab, sagte sie:
»Dich sollen die Kinder in der Schule niemals auslachen, damit du nicht weinen mußt.«
Ein Junge wollte sie foppen und legte einen krummen Nagel vor sie auf die Straße.
»Gib nur acht, daß du dir keinen Nagel in den Fuß trittst!« sagte Pimmi ärgerlich. Und da, – wie kam es nur? Er stolperte und trat auf den Nagel.
»Mensch!« riefen die anderen. »Wenn du jetzt barfuß wärst! Sie kann hexen! Alles, was sie wünscht, geht in Erfüllung!«
Pimmi selbst war erschrocken. Eilig raffte sie alle Gaben in ihren

Rock, setzte Macki obenauf und rannte fort.
Unterwegs überlegte sie, was sie jetzt wohl angerichtet haben mochte. Der Mann würde doch nicht wirklich arm werden? Und die Kuh nicht tatsächlich eine Nadel verschlucken?
Nauka wartete vor dem Dorf.
»Ich glaube, ich habe gehext, Nauka«, sagte Pimmi. »Ich wollte gar nicht, es kam einfach von selbst. Du hast recht, man muß sehr vorsichtig sein mit dem Wünschen.«
Nauka lachte, als sie ihr alles erzählt hatte.
War es möglich, daß man eine Hexe werden mußte, ob man wollte oder nicht?
»Wenn es so ist, will ich eine gute Hexe werden und nie mehr irgend etwas Gefährliches wünschen«, sagte Pimmi. »Weshalb soll es nicht auch gute Hexen geben?«
Nauka hatte nicht mehr zugehört. Dort war schon der Waldrand, an dem der Wagen stand.
»Wir sagen, wir hätten sehr gebettelt. Sie sollen nicht wissen, daß ich eine Hexe bin!« flüsterte Pimmi.
»Und du sagst kein Wort von Sara!« flüsterte Nauka.
Panelon und Mateo freuten sich über die vielen Vorräte. Nauka konnte aber Mateo nicht anblicken, und deshalb sah sie das Lächeln in seinen Augen nicht.
Er saß am Feuer, eine Zeltplane über den Schultern und das Schreibheft auf den Knien. Er wollte ein neues Stück für sein Puppentheater schreiben. Nauka holte Feuerholz und kochte eine Suppe aus Zwiebeln, Speck und Kohl.
Wenn sie etwas zu tun hatte, brauchte sie Mateo nicht anzusehen. Sah er sie etwa an? O nein, er schrieb, er schaute in die Ferne, er stocherte im Feuer.
Pimmi spielte mit den Hühnchen. Sie hatte große Pläne:
Alle vier sollten dressiert werden! Eine Hühnernummer für Tante Jerikas Zirkus! Hatte es soetwas schon gegeben?
Sie prahlte: »Das wird eine ganz große At . . . Atta . . .«
»Attraktion!« sagte Nauka. »Aber die Hühner sind zu eigensinnig. Man kann sie nicht erziehen.«
»Sie sind nur noch zu klein«, sagte Pimmi.

Dann tauchten eines Tages endlich die roten Türme am Horizont auf. Sie hielten den Wagen an, schauten und lachten.
»Ob sie wirklich alle dort sind, Mutter, Vater, Branko, Mara-Mami und die andren?« flüsterte Pimmi.
Mateo fuhr mit dem Motorrad voraus, damit man im Lager das große Wiedersehensfest schon vorbereiten könnte.
Kurz vor den ersten Häusern brauste plötzlich ein zartviolettes Auto um die Kurve und hielt mit kreischenden Bremsen neben dem Karren. Kaum stand es richtig, arbeitete sich schon Tante Ninja aus dem Sitz. Ein Kissen purzelte hinterdrein, prall gestopft und mit Streuröschen gemustert, – wie die ganze Tante Ninja. Alles an ihr strahlte vor Freude, Gesundheit und Sauberkeit: ihr glänzendes, braunes Gesicht, ihr Blümchenkleid, ihr straff geknotetes schwarzes Haar. Pimmi stürzte in ihre Arme, in diesen Lebkuchenduft nach Mandeln und Zimt, Koriander und Vanille mit einem Hauch von Veilchenparfum und Kernseife.
»Seid ihr alle da, alle?« fragte Pimmi und zog die Nase hoch vor Glück und Aufgeregtheit.
»Alle! Mein Täubchen, mein Vögelchen, mein schwarzes Hühnchen! Alle!« rief Tante Ninja und preßte sie an sich. Sie streckte die Hand aus und zog auch Nauka in die Umarmung. »Wir braten und backen und kochen für euch! Weiße Brote und Wein holen die Männer aus der Stadt, und ein langes Begrüßungsgedicht machte Jerko, mein Guter, für euch. Steigt ein, Kinder, fahrt mit mir, Panelon kommt mit dem Wagen hinterher!«
»Nein!« sagte Nauka. »Wir sind mit Panelon gefahren, Tante Ninja. Mit ihm wollen wir auch zurückkommen.«
Der Himmel hatte sich aufgehellt, und in einem goldenroten Sonnenuntergang fuhren sie auf die Barackenstadt zu. Alle liefen ihnen entgegen: Mutter Savina lachend und weinend, Vater Tino, Bruder Branko, dann Tante Jerika mit Nuna, Hotolo, Pepe, Frisko auf schwirrenden Fahrrädern. Im Laufschritt kam Tutta, vorwärts gezerrt von den kläffenden, japsenden Pinschern Mimi, Fiffi, Feline und Pepine und dem seidenschwarzen Spaniel Joko, und Migra und Juan mit ihren Söhnen Juan und Arniko.
Auch Mateo kam, den Arm voller Puppen mit bunten Kleidern und

goldenen Kronen, und vom Feuerplatz her winkte Tante Ninja mit einem riesigen Kochlöffel, – und auf der Treppe vor dem großen grünen Wagen saß Mara, die Mami, die Gute, die alte Mutter aller Mütter.
Dann stand der Karren im großen offenen Viereck bei den anderen Wagen.
Panelon stieg vom Kutschbock, warf den Hut unter die Plane und ging zu Mara.
»Bruder!« sagte die alte Frau und stand auf.
»Schwester!« sagte Panelon, setzte sich neben sie, nahm ein Messer aus dem Eimer und half ihr beim Kartoffelschälen. Mehr brauchten sie sich nicht zu sagen.
Nun kam Nauka, verneigte sich vor der alten Frau und küßte ihre Hände. Pimmi kam, schob den Schalenkorb zu Panelon hinüber und kletterte auf Maras Schoß, auf diesen Platz voller Zuflucht, voller Trost, voller Ausruhen.
Für zwei Minuten nur, dann mußte sie weiter: mit Nauka den grünen Wagen durchstöbern und alles wiederfinden: den Klapptisch, den Wandschrank, die Betten, die Schlafbretter mit dem hochgetürmten, rotkarierten Federzeug. Nauka hob Pimmi hoch, damit sie die Sarastatue und das Marienbild hinter dem roten Lämpchen streicheln konnte.
»Zu Migra muß ich noch . . .« flüsterte Pimmi. (Damit ihre eigenen Heiligen es wüßten und ihr hilfreich sein könnten.)
Gleich waren sie wieder draußen, bei Savina am Feuer. Die rührte mit Ninja im großen Kupferkessel, das Gesicht rot vor Hitze und Freude.
Aber es gab noch viel mehr zu begrüßen. Da war Jerikas Lastwagen mit der grellroten Aufschrift: »Zirkus Dinelo«, was in der Zigeunersprache soviel bedeutet wie »Zirkus Verrückt«, aber das wußten die Gadsche ja nicht, und es klang gut, und Jerika hatte ihren Spaß daran. Die Plane war weit hochgerollt, und Jerikas Durcheinander von Kochtöpfen, Federbetten, Kleidern und Hundekörben lag offen da.
Dort stand Tante Ninjas weißer, schneeweißer Wohnwagen, das Prunkstück der Sippe. Pimmi riß die Tür auf und blieb dann still auf der Schwelle stehen. Hier war alles hübsch und geblümt und aufgeräumt, frisch gewaschen, frisch gestärkt und frisch gebügelt: die Gardinchen vor dem Fenster, die Krausen am Topfschrank, die Stuhlkis-

sen und die Schondeckchen auf dem roten Plüschsofa. Ah, dieser Duft nach Wachs und Seife, Lebkuchen und Bohnenkaffee!
Aus den Federbetten hob sich ein verschlafen blinzelndes Mannsgesicht, – Onkel Jerko. Er rieb sich die Augen, sah die Kinder an der Tür stehen und war mit einem schwungvollen Satz auf den Beinen.
»Heimgekehrt!« rief er, breitete seine Arme aus und warf den Kopf in den Nacken:

»O großes Glück, wenn einer sich verirrt
im tiefen Wald, wo nur das Vöglein schwirrt,
wo nur die Wildsau grunzt, –«

Keuchend rannte Ninja vom Feuer herüber. Sie schob Pimmi beiseite: »Jerko, doch jetzt noch nicht! Du verdirbst alles.«
»Ich dachte . . .«, fing Jerko an und zwirbelte verlegen seinen Schnurrbart.
»Du sollst nicht denken, Herzensmann, sondern ein Gedicht machen«, sagte Tante Ninja.
»Das ist es ja!« rief er verzweifelt. »Wenn ich vorher daran denke, geht es nicht! Ich bin doch Schnelldichter!«
»Aber du solltest jetzt ein richtiges Gedicht machen, eine Poesie«, sagte Tante Ninja. »Richtige Poesie ist immer vorher fertig, man braucht sie nur noch aufzusagen.«
»Vorher fertig! Wenn ich so etwas nur höre!« rief Onkel Jerko. »Ein ausgedachtes Gedicht! Lächerlich, Schändlich.«
Dabei zupfte er hinter dem Rücken am zerwühlten Bettzeug.
»Du wirst doch nicht geschlafen haben?« fragte Tante Ninja.
»Eh – nur ein Nickerchen, meine Liebe, nicht wahr? Poesie ist eben sehr anstrengend.«
Tante Ninja seufzte und ging zum Feuer zurück. Nauka kam mit ihr. Sie hatte nun alle gesehen und wollte bei der Mutter bleiben. Und sie wollte im Freien sein, weil doch irgendwo Mateo mit seinen Puppen sitzen mußte.
Bald sah sie ihn, hoch oben am Bahndamm saß er, und neben ihm kniete Tereina und sah ihm zu, wie er mit seinen Puppen spielte. Sie lachte ihr mühsames, kollerndes Lachen, und ihm, Mateo, machte es wohl Spaß, dem Mädchen seine Spielkünste zu zeigen. Bestimmt war

das auch freundlich von ihm, aber Nauka wäre es lieber gewesen, Mateo hätte allein dort oben gesessen. Tereina war sehr schön, und Tereina war älter als Nauka.

Inzwischen schlich Pimmi zur zweiten Feuerstelle. Migra stand dort und wendete mit einer langen, zweizinkigen Gabel große Fleischbrokken und lange Bratwürste in einer riesigen Pfanne. Es brutzelte und dampfte und duftete. Pimmi hustete. Dreimal hustete sie, bis Migra endlich aufblickte.

»Der Rauch . . .«, sagte Pimmi.

»Wo Feuer ist, da ist auch Rauch.«

»Ja.«

»So ist es.«

»Hm.«

»Du hast eine weite Reise gemacht.«

»O ja! Alle freuen sich sehr, weil wir zurückgekommen sind.«

»Das will ich meinen. Ich freue mich sogar ganz besonders.«

»Wirklich, Migra?«

»Wirklich, Pimmi. Denn bestimmt hast du mir etwas Schönes mitgebracht. Wie wär's, wenn du das endlich auspacktest?«

»Gern, Migra! Hier!«

Pimmi machte einen kleinen Bogen um Migra und stellte die heilige Sara, den heiligen Herrn Luther und den heiligen freundlichen Buddha auf die Wagentreppe.

»Komm hinter den Wagen«, sagte Migra.

»Dein Fleisch brennt an«, sagte Pimmi.

»Es geht ganz schnell, Pimmi. Das Fleisch wird nicht anbrennen.«

»Aber die Gabel könntest du hierlassen«, sagte Pimmi.

»Meinetwegen.«

Pimmi stolperte hinter Migra her. Gerade lief Tutta mit den Hunden vorbei. Sie pfiff durch die Zähne und sah Pimmi mitleidig nach.

Zwischen Wagen und Bahndamm war nur ein schmaler Raum frei.

»Es ist so eng hier«, sagte Pimmi und schnaufte vor Aufregung.

»Ganz recht!« sagte Migra. »Und niemand sieht und hört uns. Diese Sache geht doch nur uns beide etwas an. Oder meinst du, Mara oder Savina sollten etwas davon hören?«

»Lieber nicht. Ich werde auch nur ganz leise schreien. Fang an.«

»Immer langsam, eins nach dem andern.«

»Wenn du mich schon verhauen willst, dann tu's doch, dann tu's doch endlich!« schrie Pimmi.

»Pst! Hat dich schon einmal jemand geschlagen, ich meine, jemand von uns, deine Mutter, dein Vater, irgendein Verwandter, irgendeiner von unserem Volk?«

»Nein. Noch niemand. Aber ich habe keine Angst. Überhaupt keine.«

»Weshalb sollte ich dich jetzt schlagen, Pimmi?«

Pimmi stemmte sich mit dem Rücken an den Wagen.

»Ich habe gestohlen!« sagte sie. »Aber ich habe es nur für Panelon getan. Sie sollten ihm helfen, die drei. In seinem Wagen gibt es doch keine Heiligen. Ich wollte sie auch bestimmt zurückbringen.«

»Du hättest mich fragen können. Du hast bei mir gegessen und getrunken und in meinem Wagen geschlafen. Weißt du nicht, daß man seinen Gastfreunden nichts wegnehmen darf? Hat dir das niemand gesagt?«

»Doch, ich weiß es. Es ist gegen das Gesetz. Und jetzt, bitte, verhau mich endlich, damit ich wütend auf dich sein kann, und damit du nicht mehr mein Freund bist.«

»Nein«, sagte Migra. »Bei uns wird kein Kind geschlagen. Du sollst eine andere Strafe bekommen, eine, die du so schnell nicht vergißt. Hör zu! Ich verbiete dir, mein kleines Kind anzuschauen. Du wirst nicht in meinen Wagen kommen und zusehen, wie ich es bade. Du wirst zehn Schritte weit von mir wegbleiben. Wenn du neben mir am Feuer sitzt, wirst du deine Augen abwenden von meinem Kind. Ich will nicht, daß jemand es ansieht, der seine Freunde bestiehlt.«

Das klang sehr einfach, und Pimmi atmete auf. Nur der letzte Satz kränkte sie.

»Ja, Migra«, flüsterte sie. Schritt für Schritt schob sie sich seitwärts am Wagen entlang.

»Dann geh, und vergiß es nicht.«

Pimmi hatte die Wagenecke erreicht. Ihre Augen funkelten vor Zorn.

»Ich werde mir eben jeden Tag Tante Jerikas Nuna ansehen. Sie ist sehr, sehr niedlich!« rief sie und rannte fort.

»Warte ab«, sagte Migra und lächelte.

Bald konnte das große Wiedersehensfest beginnen. Alle zogen ihre

schönsten Kleider an. Tante Jerika stellte einen Waschzuber mit Seifenlauge hinter ihren Lastwagen und schrubbte ihre Kinder der Reihe nach. Mit Hotolo fing sie an, mit der winzigen Nuna hörte sie auf. Dabei redete sie pausenlos:
»Eine Sandgrube hat er in den Ohren, eine Sandgrube! Warte, Bürschchen, dir werde ich noch beibringen, wie man sich wäscht! Die Wurzelbürste, Tutta, spring! Du wirst sie schon finden, irgendwo. He! Joko! Willst du wohl das Handtuch liegen lassen? Pepe, wenn du jetzt nicht still hältst, lasse ich deinen Hals so schwarz, wie er ist! Frisko, geh zu Onkel Tino und laß dir die Fingernägel schneiden! Er ist gerade fertig mit Branko.«
Denn auch vor Savinas Wagen wurden Kinder gewaschen. Vater Tino saß auf der Treppe, hielt Branko fest zwischen den Knien und kämmte ihm die schwarzen Locken mit Wasser. Nauka versuchte drinnen im Wagen, Pimmis krause Haare zu kleinen Zöpfchen zu flechten, weil auch Tutta Zöpfe hatte.
Endlich war es soweit: Vater Tino schlug einen Wirbel auf dem Kupfergong. Gemächlich, als kämen sie von einem Spaziergang, schlenderte alle herbei, stellten sich ums Feuer und warteten auf Mara.
Panelon führte seine alte Schwester am Arm zu ihrem Korbsessel. Sie reckte sich und schlug drei Kreuzzeichen über das Feuer, über die Kupfergefäße mit Fleisch, Gemüse und Brot und über die Menschen im Kreis.
»Boro dad, großer Vater!« sagte sie. »Du bist im Himmel, und wir wandern auf Erden. Laß uns nicht allein, damit wir geduldig bleiben, damit wir zu essen und zu trinken haben, damit wir nichts Böses tun und nichts Schlechtes denken. Wir danken dir, denn du hast unseren Bruder und unsere Kinder zu uns zurückgeführt. Amen.«
»Amen!« sagten alle im Kreis. Sie setzten sich erst, als Mara saß. Beim Essen wurde nicht geredet. Die Frauen schöpften mit großen Kellen den dampfenden Gemüsebrei auf die Teller. Mara verteilte das Fleisch. Dann wurden die Teller fortgeräumt und Weingläser gebracht. Das erst Glas Wein schüttete Mara ins Feuer. Dabei blickte sie Panelon an, und er nickte.
Jetzt begann die große Fröhlichkeit. Die Kinder bettelten bei jedem um einen Schluck Wein. Jerikas Jungen spannten ein Drahtseil zwi-

schen den Wagen aus und zeigten ihre Fahrradkünste, Migras Jungen schlugen Saltos. Nun kamen auch die Leute aus den Baracken und den Hütten und stellten sich im Halbkreis an den Wegrand. Mara hatte auch die seßhaften Zigeuner, Tereinas Pflegeeltern, einladen lassen, aber sie waren nicht gekommen. Nur Tereina stand an der Barakkentür. Da lief Pimmi zu ihr und zog sie an der Hand zum Feuerplatz. Gerade stellte Tante Ninja eine Apfelsinenkiste neben das Feuer und breitete einen kleinen Teppich darüber. Onkel Jerko stellte sich darauf, das rechte Bein etwas vorgesetzt, die linke Hand in die Hüfte gestemmt, die rechte auf dem Herzen. Er räusperte sich, bis die Gespräche verstummten.
»Jetzt!« flüsterte Tante Ninja und sah ihn mit feuchten Augen an. Und Onkel Jerko begann:

»O großes Glück, wenn einer sich verirrt
im tiefen Wald, wo nur das Vöglein schwirrt,
wo nur die Wildsau grunzt, – o großes Glück,
wenn einer sich verirrt und kehrt zurück!

O großes Glück, wenn Kummer, Angst und Sorgen
uns quälen sehr am Abend und am Morgen,
o großes Glück, wenn dann mit frohem Munde
das Herz vernimmt der Rückkehr gute Kunde!

O großes Glück! Denn alles muß vergehn,
der Kummer auch. Seht Panelon dort stehn!
Wie eine Rose zart, so schön und fein,
seht Nauka auch und ihre Schwester klein!

Das macht des Jammers Maß nun voll genug!
So hört aus meinem Mund den Weisheitsspruch:
Ein großes Unglück muß geschehen, seht,
damit am Ende alles gut zu Ende geht!«

Alle klatschten in die Hände und lobten ihn sehr. Jerko verbeugte sich und strich sich den Schnurrbart. »So kommt es über einen, wenn die Sterne scheinen!« rief er. »Ja, solche Poesie hört sonst man nie!«
Von nun an redete er den ganzen Abend nur noch in gereimten Sätzen.

Inzwischen hatte Jerika der kleinen Tutta einen Wink gegeben. Sie führte die Hunde herbei: Feline und Pepine, in rosa Röckchen und himmelblauen Hosen, schoben einen Puppenwagen mit Mimi und Fiffi. Die trugen Spitzenhäubchen, hatten die Pfoten auf das Deckbrett gelegt und blickten starr geradeaus. Joko, mit Stock und Zylinder, stolzierte auf den Hinterbeinen an ihnen vorüber und grüßte sie mit gezogenem Hut. Im nächsten Augenblick allerdings ließ er sich fallen und kratzte sich hinterm Ohr.
»Jerika, Feuerschlucken!« rief jemand.
»Nicht, solange mein Bubala im Gefängnis sitzt«, sagte sie. Gleich wurden alle still und ernst. Der wilde Bubala, der Nichtsnutz, hatte sie schon oft in Schwierigkeiten gebracht. Aber er gehörte doch zu ihnen, und ihm zu Ehren mußte man jetzt ein bißchen traurig sein. Außerdem hatte Juan aus Otterau ein Papier mitgebracht, das ihnen allen Sorge machte: Der Viehdiebstahl war aufgeklärt, aber sie sollten wegen »Irreführung der Behörden« eine Strafe bezahlen. Morgen würden sie arm, bettelarm sein. Denn Mara hatte bestimmt, daß dieses Geld zusammengelegt werden sollte. Die anderen wären lieber wieder aufgebrochen und hätten irgendwo ein Versteck gesucht, aber was konnte man tun gegen den Willen der alten Frau?

Juan redete leise mit Tino. Der stand auf, ging mit der Geige in den Schatten und begann leise zu spielen. Die Frauen wischten sich die Augen.

Leise sangen die Männer, und sie sangen für Bubala:

»Viele Vögel
zogen schreiend
durch den weiten
Himmel hin.
Ach, ich hörte ihre Rufe
durch die Mauern,
durch die Gitter!
Durfte nicht mit ihnen wandern,
mußte im Gefängnis sein.«

Jerika schluchzte laut, Tutta bohrte den Kopf in ihren Rock und streichelte die Mutter. Mit finsteren Gesichtern saßen Hotolo, Pepe und Frisko neben ihr.

»Mit dem Schlüssel
heute morgen
kam der Wärter:
Geh, Zigeuner!
Hei, ich küßte
seine graue
Stoppelwange,
und ich rannte.
O du Schönste, morgen kauf' ich
dir ein Kopftuch, ganz aus Seide!«

Und schon war alle Traurigkeit vorbei. Jerika wischte sich das Gesicht ab, Tutta lief zu den Hunden, und Hotolo, Pepe und Frisko wollten mit dem jungen Juan und Arniko um Pfennigstücke knobeln. Mara nickte zufrieden.
Nur Pimmi schielte bedrückt auf ihre Füße. Migra war in den Wagen gegangen und hatte die kleine Ehra geholt. Es war Zeit, ihr zu trinken zu geben. Mußte Migra sich unbedingt Pimmi gegenübersetzen?
Auch Nauka wußte nicht recht, wohin sie blicken sollte. Mateo hatte Tereina herangewinkt. Sie saß nun neben ihm, ein wenig abseits vom großen Kreis. Manchmal sah sie unruhig zu den Baracken hinüber. Ganz recht. Tereina gehörte nicht hierher.
Tino stand schon mit der Geige neben dem Feuer. Er sah Nauka an. Sie stand auf, horchte mit geschlossenen Augen und wartete. Nun kam die Musik zu ihr, nun war sie in ihren Knöcheln, die Musik, und pochend und stampfend hoben sich Naukas Füße. Dann plötzlich war alles vergessen, das Feuer, die Menschen, auch Mateo, – nur noch die Musik war in Nauka. Sie hob die Arme über den Kopf, lächelte, bog sich, drehte sich, wiegte sich wie die Musik. Die anderen klatschten in die Hände, summten die Melodie mit, wiegten sich im Sitzen vor und zurück, nach links, nach rechts, wie Nauka, wie die Musik.
Ganz plötzlich brach Tino ab und hob den Bogen hoch über seinen Kopf, dann setzte er wieder ein, und nun hüpften die Töne. Nauka

streckte die Hand aus, und Pimmi war bei ihr, Feuerglanz in den Augen. Übermütig tanzten sie beide ringsum an den anderen vorbei. Freude! Freude! tanzten sie. Einer nach dem anderen stand auf und tanzte mit: Männer, Frauen und Kinder.
Branko rannte zum Wagen, kam zurück mit seiner kleinen Gitarre und stellte sich neben den Vater. Der beugte sich zu ihm, – oh, sein Sohn, sein Branko, ein großer Gitarrist würde er werden.
Stolz lächelte Savina zu den beiden hinüber. Hatte sie nicht drei prächtige Kinder?
Da sah sie, wie Pimmi sich allein zu Mara und Panelon setzte.
Wo war Nauka?
Nun erst sah Savina, daß Mateo mit dem taubstummen Mädchen tanzte, mit Tereina. Er half ihr, den Tönen zu folgen, die sie nicht hören konnte. Er führte sie an den Händen. Tereina lächelte und blickte über seine Schulter ins Feuer. Glücklich sah sie aus.
Savina stand auf und suchte Nauka. Doch nicht bei den Wagen, nicht auf dem Weg, nicht zwischen den kleinen Gärten fand sie die Tochter.
Nauka saß hoch oben am Bahndamm und hielt Sara im Schoß. Mateo war nicht zu ihr gekommen. Mateo tanzte nicht mir ihr. Mit Tereina tanzte Mateo.
Ob die anderen wohl alle sahen, was Mateo Nauka angetan hatte? Sie schämte sich. Nun stand Mara auf und hob die Hand. Tino ließ den Tanz in einen leisen Gesang gleiten und verklingen. Mara sprach, alle waren still. Nauka konnte nicht verstehen, was sie sagte. Das Feuer wurde mit Erde erstickt, die Menschen gingen fort zu den Wagen und Hütten. Bald war es still über dem Platz. Nur im grünen Wagen war noch Licht. Savina und Tino saßen auf der Treppe. Sie warteten auf Nauka. Die schlich zu Mateos Zelt und legte Sara ins Gras. Sie streichelte noch einmal das Puppengesicht und wischte ihm die Tränen von der Stirn, die Nauka geweint hatte.

Mateo und Tereina

Juan und Migra, Jerko und Ninja brachen früh am nächsten Morgen auf. Sie wollten bei einem Winzerfest im Hinterland ihre Besen und Körbe und Lebkuchen verkaufen.
Jerko stolzierte vor dem Anhänger auf und ab, während Ninja die Lebkuchenkästen im Auto verstaute.
»Wie schön ist dieser Morgen, ohne Kummer und Sorgen!« rief er.
»Wie faul ist doch mein Mann, der nichts als dichten kann«, sagte Ninja.
»Die wahre Poesie versteht sie nimmer und nie«, sagte Jerko. »Ich dichte, weil ich muß, nach meines Schicksals Schluß.«
»Lebkuchen sollst du verkaufen, mein Lieber, das Fest ist vorbei«, sagte Ninja und zog ihn zum Auto.
Er streckte noch einmal den Kopf aus dem Fenster. »Man muß es nur versuchen: Das Leben ist kein Kuchen. Es ist eine bittre Mandel, hat dich ein Weib am Bandel!«
Da gab Ninja Gas und brauste mit ihm davon.

Pimmi hockte im Wagen hinter dem kleinen Fenster und wagte sich nicht hinaus. Weshalb ließ Migra ihre Wagentür offenstehen? Konnte man wissen, ob einem nicht unversehens das Kinderkörbchen vor die Augen kam? Es war schrecklich, immer und immer mußte sie an Migras kleines Kind denken.
»Ich glaube, Migras Ehra schläft jetzt«, sagte sie zu Savina.
»Mag sein. Sie ist ja noch sehr klein und muß viel schlafen.«
»Was für Haare hat sie eigentlich?«
»Schwarze, wie du, Pimmi. Geh doch hinüber und schau sie dir an.«
»Später . . .«, sagte Pimmi.
Endlich schwankte der große Wagen davon. Wenigstens für zwei Tage hatte sie nun Ruhe vor der kleinen Ehra. Pimmi rannte hinaus.
Gerade gingen auch Jerika und Tutta fort. Die kleine Nuna hockte mit unglücklichen großen Augen in Jerikas Rückentuch. Sie war fast ein Jahr alt und konnte schon laufen.

Tutta trug einen zusammengerollten Sack unterm Arm. Heute abend würde sie ihn prall gefüllt zurückbringen. Denn Tutta verließ sich nicht nur aufs Betteln. Jede Mülltonne an der Straße und jeden Schuttabladeplatz durchwühlte sie. Wunderbare Dinge brachte sie dann mit. Bunte Flaschen, Schachteln und Dosen, alte Zeitschriften, Stoffreste, Silberpapier, zerbrochene Tassen mit echtem Goldrand, Bleistiftstummel und verbeulte Bälle.
Pimmi durfte keine Mülltonne öffnen und auf keinem Schuttplatz stöbern. Savina erlaubte es nicht. Sauber gewaschen und gekämmt sollte sie mit ihr von Haus zu Haus gehen und Deckchen verkaufen.
»Komm, Pimmi«, sagte Savina und nahm ihre Hand.
Immer stiller wurde es auf dem Platz. Jerikas Jungen hockten nebeneinander auf dem Lastwagen, ließen die Beine baumeln und sahen Nauka zu, die den Feuerplatz fegte. Eigentlich sollte Hotolo jetzt mit den Hunden arbeiten, und Pepe und Frisko sollten die Fahrräder putzen. Das hatte Jerika ihnen aufgetragen. Mateo kam und redete Nauka an:
»Ich habe Sara gefunden. Vielen Dank. Habt ihr gemerkt, daß sie ein Wegzeichen für euch sein sollte?«
»Ja, das haben wir gemerkt«, sagte Nauka und fegte weiter. Langsam ging Mateo zum Karren zurück. Was war mit Nauka? Nun brachte sie den Besen fort und ging mit der alten Mara den Weg hinunter. Nur einen leeren Beutel trug sie. Mußte sie betteln gehen? Mateo hätte Nauka gern ein freundliches Wort zugerufen, aber sie ging eilig an ihm vorüber. Nur Mara nickte ihm zu.
»Jetzt ist kein Weib mehr im Lager, jetzt wird es gemütlich«, sagte Hotolo, reckte sich und gähnte.
»Aber da kommt schon wieder eins. Das taubstumme Mädchen«, sagte Pepe. »Na, die hat uns wenigstens nichts zu befehlen.«
Tereina brachte ein Bündel mit bunten Stoffresten. Sie setzte sich neben Mateo und schnitt Kleider für seine Puppen zu.
»Aha!« sagte Pepe. »So ist das.«
»Laß sie«, flüsterte Hotolo. »Ich finde es nett von Mateo, daß er sich um sie kümmert.«
Tino und Branko hatten einen Spaziergang gemacht, nun kamen sie zurück und setzten sich auf die Wagentreppe. Tino bezog einen alten

Geigenbogen, und Branko spielte mit Pimmis Hühnchen.
Auch Tino schaute jetzt zu Mateo und Tereina hinüber. Gestern abend hatte er noch lange mit Savina gesprochen. Es war in der Sippe doch längst eine ausgemachte Sache, daß Nauka Mateos Frau werden sollte. Man redete nicht viel über solche Dinge, auch Scherze und Anspielungen waren nicht erlaubt. Aber alle hatten ja Augen im Kopf und sahen, wie gut die beiden sich verstanden. Weil sie auch noch im Alter zueinander paßten und nicht zu nahe verwandt waren, rechnete also jeder damit, daß man eines Tages ihre Hochzeit feiern könnte. Nur war Nauka bis jetzt noch zu jung gewesen, deshalb hatte Tino noch nicht mit Panelon darüber gesprochen. Von langen Verlobungszeiten hielt er nicht viel. Nach Weihnachten würde Nauka sechzehn sein, dann konnte sie heiraten. Schön wäre es, vielleicht im Mai beim großen Sarafest in Frankreich die Hochzeit zu feiern. Dort würde man auch die entferntesten Verwandten treffen.
Aber nun sah alles anders aus.
Zornig riß Tino an den Bogenhaaren. War seine Tochter dem Puppenspieler nicht mehr gut genug? Durfte er sie beleidigen? Denn das hieß doch wohl ein Mädchen und seine Eltern kränken, wenn man so offen vor aller Augen mit einer anderen tanzte, mit einer anderen sich vor seinen Wagen setzte!
Tino warf den halbfertigen Bogen in den Wagen. Langsam, sehr langsam schlenderte er an Mateo und Tereina vorüber zu Panelon.
Mateo blickte auf, aber Tino drehte den Kopf weg.
Nun verstand Mateo. Er sah Tereina von der Seite an. Sie spürte das, hob den Kopf und lächelte. Durfte er denn diesem armen Mädchen weh tun? Sie war glücklich, weil sie ihm helfen konnte. Nein, er tat nichts Böses, wenn er freundlich zu ihr war. Die anderen sollten vernünftig sein.
Panelon saß auf der Wagendeichsel und schnitzte an einem Puppenbein. Von dem Geld, das die Frauen heute mitbrächten, sollte auch Löffelholz für ihn gekauft werden. Er war nicht gern untätig.
»Ich möchte mit dir reden, Panelon«, sagte Tino.
»Worüber?«
Tino zögerte einen Augenblick, sagte: »Über das Wetter!« und ging weiter. Schließlich war es nicht seine Sache, das Heiratsgespräch zu

beginnen. Der Vater des Burschen mußte beim Vater des Mädchens werben. Oder hatten Mateo und sein Vater die alten Sitten vergessen? Panelon schüttelte den Kopf und schnitzte weiter. Was war mit Tino? Nun ja, solch ein heftiger Mann konnte schon einmal einen ungerechten Ärger habe, Panelon verstand das gut. Mochten die guten Engel Tinos Herz wieder hell machen. Panelon fühlte sich friedlich und glücklich.

Mara und Nauka wanderten auf einem Umweg in die Stadt.
»Du bettelst nicht gern«, sagte die alte Frau.
»Nein.«
»Wie stolz sie ist. Sie will sich nichts schenken lassen.«
»Sie verachten uns, weil wir nicht arbeiten, die Gadsche.«
»So laß sie arbeiten. Ist es ihnen nicht ein Spaß, immer etwas Neues zu machen? Aber ich sage: Die Welt ist gut und schön, wie sie ist. Daran sollen wir unsere Freude haben. Waren die Straßen etwas anderes, als unsere Vorfahren vor dreitausend Jahren und mehr aus dem Lande Indien kamen? Die Sonne? Der Regen? Der Wind? Die schöne Nacht und das Feuer? Mit ihren Fabriken, ihren Masten für die Schwatzteufel, ihren Schienen für die Reiseteufel, ändern sie etwas daran, die Gadsche? Feuer und Wasser, Himmel und Erde, die bleiben.«
Sie blieb stehen und stieß ihren Stock auf die Straße: »He, Nauka! Sind wir faul, wenn wir leben wie die Vögel, weil Gott uns so gemacht hat? Die Gadsche sollen wie Gadsche sein und die Zigeuner wie Zigeuner. Wenn es denen Spaß macht, zu arbeiten – gut! Uns macht es Spaß, zu spielen und uns zu freuen, daß wir leben dürfen.«
»Aber sie arbeiten für das, was sie haben. Auch für das, was sie uns geben.«
Mara antwortete nicht. Mit dem Stock hob sie eine Brombeerranke vom Straßenrand. Überreife, schwarzglänzende Früchte hingen daran.
»Pflück ab und iß!« befahl sie. »Bück dich, Mädchen!«
Nauka pflückte eine Handvoll und bot sie Mara. Die kostete eine Beere, nickte zufrieden und schob dann die Hand zurück.
»Du sollst sie essen. Und dann gib mir Antwort: Kannst du wissen, wieviel Arbeit Gott mit den guten Früchten gehabt hat? Nun also! Er

hat uns das Leben geschenkt, nicht verkauft. Nicht für Arbeit, nicht für Tüchtigsein, für gar nichts. Noch nicht einmal dafür, daß wir gut sind. Denn wir sind nicht gut, und trotzdem schenkt er uns die ganze Welt. Was willst du dafür bezahlen?«

Nauka sagte: »Aber ich ertrage es nicht, daß die Gadsche uns verachten.«

»Du wirst es ertragen müssen. Sie verstehen uns nicht, das macht ihnen Angst, und aus Angst wird die Verachtung der schwachen Herzen, aus Angst die Bosheit der harten Herzen. Sie haben die große Zahl, wir haben die kleine Zahl. Weiße Menschen, schwarze Menschen, rote Menschen, gelbe Menschen: Immer jagen die vielen die wenigen, die anderen. Du wirst es lernen.«

»Ich weiß, was mit Parni und ihren Kindern geschehen ist.«

»Auch ich weiß es. Aber nicht alle Gadsche haben uns Leid angetan. Willst du nun die vielen hassen um der wenigen willen?«

»Ich mag nicht bei ihnen betteln.«

»Wenn du nicht betteln willst, dann mußt du werden wie sie. Dann mußt du in einem Hause wohnen und dich schwermachen mit Besitz und die Straßen verlassen. Willst du das? Doch unser Geheimnis ist Armut, und auch verfolgt sein ist unser Geheimnis. Leicht sollen wir sein, und klein sollen wir uns machen. Seltsam sind die Augen des großen Vaters, so steht es im heiligen Buch der Christen: Er sieht die kleinen Vögel, und er zählt die Haare auf eines jeden Menschen Kopf. Die Armen, die Leidenden, die Hungernden, die Verfolgten will er beschenken. Was könnte er den Satten geben, denen, die alles schon haben? Bück dich, habe ich gesagt! Und wenn du die süßen Beeren vom Dornenzweig gepflückt hast, geh weiter und sei leicht und frei: Das ist unser Teil, das ist unsere Freude. Mag sein, die Gadsche haben eine andere. So sollen sie nach ihrer Art leben, wie wir nach der unseren. Willst du keine Romani mehr sein, keine Zigeunerin, Nauka?«

»Ich will, Mara-Mami, ich will!« sagte Nauka erschrocken.

»Dann sei endlich klug. Komm, dort sind die Häuser.«

Es war nicht anders als sonst, das Betteln, nicht anders als sonst schwelte der Küchendunst in den Treppenhäusern, schrillten die Klingeln und schlugen laut die Türen. Und wie immer wurde jetzt aus der klugen, selbstsicheren Mara eine demütige Bettlerin. Sie spielte ihre

Rolle und blieb doch sie selbst.
Einmal wollte eine Frau von Mara aus der Hand gelesen haben.
»Leere Hand – keine Botschaft!« sagte die Alte. Sie wartete, bis ein Geldstück darauf lag. Das strich sie weg und bog die Finger zurück. Dabei blickte sie aufmerksam in das Gesicht und die unruhigen Augen der Frau.
»Ein langes Leben!« fing sie an. Das sagte sie immer, Nauka wußte das. Denn Mara meinte, jedes Menschenleben sei gerade so lang, wie der Wille Gottes und der heiligen Engel es bestimmte. Also war es immer lang genug. Aber wie sollte man das den Gadsche erklären? Die wollten alles immer so genau und deutlich wissen.
»Hüte dich vor dem nassen Wetter und den scharfen Gewürzen«, sagte Mara. Denn sie hatte im Gesicht der Frau gesehen, daß ihre Nieren krank sein mußten.
»Hüte deine Zunge, besonders bei anderen Frauen halte deine Worte fest, sonst wirst du Ärger haben.«
»Jaja, ich weiß schon, wen Sie meinen!« rief die Frau.
Mara nickte zufrieden. Die Frau hatte einen geschwätzigen Mund und neugierige Augen. Da gab es leicht Streit mit den Nachbarinnen.
»Ich spreche die Wahrheit«, murmelte Mara. Dann schwieg sie lange. Bis jetzt war es leicht gewesen. Sie hatte nur ausgesprochen, was jeder leicht sehen konnte.
Mara bog die Finger der Frau zusammen und schob sie sanft zurück.
»Es fliegen dunkle Vögel und Vögel mit hellen Schwingen über der Menschen Häuser«, sagte sie.
»Was meinen Sie? Vögel? Bedeutet das etwas?«
»Ich habe alles gesagt«, antwortete Mara. »Gott soll Sie schützen und segnen. Haben sie warme Kindersachen? Ein Mäntelchen vielleicht?«
Nun war sie wieder die alte Bettlerin. Die Frau brachte wirklich einen Mantel, der Pimmi oder Tutta passen würde. Aber soviel sie auch nach der Bedeutung der Vögel fragte, Mara gab ihr keine Auskunft. Weshalb sollte sie die Arme erschrecken? Alles Unglück kam früh genug, und den schlechten würden auch wieder gute Tage folgen. Vor dem, was ihr bestimmt war, konnte Mara die Frau nicht schützen.
Sie kehrten um, als der Beutel gefüllt war.
»Brombeeren«, sagte Mara und deutete mit dem Stock auf das pralle

Säckchen. »Haben wir uns nicht gebückt?«
Ehe sie zum Lager kamen, faßte Nauka nach Maras Hand.
»Mara-Mami«, sagte sie. »Ich bin traurig.«
»Ich weiß, Nauka. Du sollst lernen, in der Armut zu wohnen. Auch mit deinem Herzen.«
»Das meine ich nicht.«
»Aber ich meine es. Was willst du haben? Eines Menschen Herz? Warte, bis es dir geschenkt wird.«

Als sie zurückkamen, brannten schon die Feuer auf dem Lagerplatz. Heute abend kochte jede Familie für sich allein. Aber deshalb konnte doch jeder dort essen, wo es ihm am besten schmeckte. Hotolo und Frisko luden sich bei Savina ein, Pimmi wanderte zu Jerika hinüber. Sie hatte etwas Wichtiges mit Tutta zu besprechen.
Eilig löffelten beide Jerikas dünne Suppe und liefen dann mit Tuttas Sack zu einem versteckten Platz hinter dem Garten am Bahndamm. Tutta packte aus, was sie heute gesammelt hatte: alte Zeitschriften, Flaschen, Schachteln. Das war nichts Besonderes. Dann zog sie ein Messer heraus, abgebrochen und verrostet, aber man konnte noch gut damit schneiden.
»Hm«, macht Pimmi. »Weiter.«
Jetzt zeigte Tutta einen holzgerahmten Spiegel, an dem nur eine Ecke fehlte.
»Ganz schön«, sagte Pimmi.
»Ganz schön! Herrlich ist der! Und hier, – sieh dir das an!« Ein Porzellanhund! Nur der Schwanz und die Ohren fehlten.
»Ist das alles?« fragte Pimmi.
Tutta kramte in ihrem Sack, etwas klirrte, etwas klang wie Metall.
Das war nun wirklich ein wunderbares Ding: eine richtige Petroleumlampe, mit einem Glaszylinder, an dem kein einziger Sprung zu entdecken war, mit einem Docht, der sich auf und nieder schrauben ließ, und mit einem Messingfuß, in den Lilien und Seerosen eingepreßt waren.
»Na?« fragte Tutta stolz. »Was sagst du dazu?«
»Sehr schön, aber jetzt gib acht, was ich gefunden habe!«
Und Pimmi hielt Tutta einen großen, rostigen Schlüssel vor die Au-

gen. Er hatte einen krausen Bart und einen kunstvoll geschmiedeten, verschlungenen Griff.

»Ein Schlüssel«, sagte Tutta. »Schlüssel habe ich schon massenhaft gefunden. Man hat nichts davon, wenn man nicht weiß, an welche Tür sie passen. Und außerdem darf man ja fremde Türen nicht aufschließen. Das tun nur Diebe.«

»Siehst du nicht, daß dies ein besonderer Schlüssel ist?«

»Ziemlich groß ist er. Aber nicht sehr besonders.«

»Doch. Er ist besonders.«

»Wer sagt das?«

»Ich weiß es. Man muß nicht alles gesagt bekommen, und man weiß trotzdem etwas.«

»Hast du ihn vielleicht von einer Tür abgezogen?«

»Er lag unter einem Holunderstrauch.«

»Überall gibt es Holundersträucher. Warum soll nicht einmal ein Schlüssel darunter liegen?«

»Du hast keine Augen im Kopf. Sonst müßtest du sehen, daß dies ein Wunderschlüssel ist. Ich glaube, er paßt an das Tor zu einem Königsschloß.«

»Hm. Vielleicht paßt er auch zu einem Keller? Und Räuber haben dort ihre Schätze vergraben?«

»Nein, nein, es muß etwas Schönes sein, nichts mit Räubern und schrecklichen Sachen.«

»Dann paßt er vielleicht an die Tür zu einem Laden? Und dort gibt es Kisten voll Schokolade und Fässer mit Himbeersaft und goldene Schmucksachen und Armbanduhren und weiße Schuhe und seidene Kleider?«

»Läden gibt es überall. Dieser Schlüssel paßt zu einer Tür, die es nur ein einziges Mal auf der Welt gibt. Vielleicht ist ein Garten dahinter, ein Wundergarten, und weiße Pferde laufen dort frei herum, und der Garten und die Pferde und alles gehört mir?«

»Aber wenn ein Drache in dem Garten ist, einer, der Menschen verschlingt?«

»Nein«, sagte Pimmi. »Du verstehst den Schlüssel nicht. Wenn es einen Drachen dort gibt, ist er gutmütig. Man kann ihn an einer Leine spazierenführen.«

»Meinst du, es ist auch ein Prinz in dem Garten? Vielleicht heiratet er dich?«
»Natürlich ist da auch ein Prinz. Er ist traurig, weil seine Prinzessin ihm fortgelaufen ist. Aber dann komme ich und werde seine Frau. Wahrscheinlich hat er heute den Schlüssel für mich unter den Holunderstrauch gelegt.«
»Hat er einen schönen Wagen?«
»Einen goldenen! Nein, drei goldene Wagen hat er: Einen zum Wohnen, einen zum Schlafen und einen ganz voll Edelsteine. Und die weißen Pferde ziehen den Wagen, wohin man will.«
»Schade«, sagte Tutta.
»Was ist schade?«
»Daß du dir das alles nur ausgedacht hast. Es ist ein ganz gewöhnlicher, rostiger alter Schlüssel.«
Pimmi hätte Tutta gern etwas Schlechtes gewünscht, so wütend war sie jetzt.
»Du tust mir leid, Tutta«, sagte sie. »Du verstehst eben nichts von großen Geheimnissen.«
»Ich gebe dir den Hund für den Schlüssel«, sagte Tutta.
»Und wenn du mir den Hund und den Spiegel und die Lampe und deinen ganzen Sack voll Kram dazu gibst, – den Schlüssel bekommst du nie!« sagte Pimmi. »Überhaupt könntest du auch gar nichts damit anfangen. Man muß seinen Namen wissen, sonst hat der Schlüssel keinen Wert.«
»Wie heißt er denn?« fragte Tutta.
»Er heißt ›Schlüssel zum Glück‹!«
»Ach!« rief Tutta.
»Aber du bist meine Freundin«, sagte Pimmi. »Und wenn du keiner Seele etwas von dem Schlüssel zum Glück verrätst, dann nehme ich dich mit in den Garten, wenn ich ihn gefunden habe. Du weißt doch, wie es mit Zaubersachen ist? Man darf nicht darüber sprechen!«
»Aber du mußt mich bestimmt mitnehmen.«
»Wenn der Prinz es erlaubt«, sagte Pimmi. »Aber ich will ihn für dich fragen.«

Pimmi ließ sich von Mutter Savina eine Schnur geben. Mit drei festen

Knoten knüpfte sie den Schlüssel daran, mit drei Knoten band sie sich die Schnur um den Hals. Sie fühlte, wie er auf ihrer Haut warm wurde. Was würde er aufschließen? Man konnte nicht genug darüber nachdenken. Wunderbare Träume hatte Pimmi in dieser Nacht.
Am nächsten Morgen regnete es. Tino und die Kinder blieben lange auf ihren Lagern und unterhielten sich mit Mara und Savina. Heute wurde das Essen auf dem Herd im Wagen gekocht. Warm und gemütlich war es in dem kleinen Raum.
Nauka saß auf ihrem Schlafbrett und sah in den Regen hinaus. Mateo hatte sein Zelt gestern abend abgebaut. Ob er unter der alten Plane im Karren wohl einen trockenen Platz hatte? Sonst waren Panelon und Mateo bei schlechtem Wetter immer in Tinos Wagen gekommen.
Nun sah sie, wie Mateo die Plane zurückschlug und aus dem Karren sprang. Sie duckte sich und zog das Gardinchen vor. Er kam herüber, sie hörte es. Würde er anklopfen? Oder wartete er, bis man ihn rief? Nein, er ging weiter. Nauka sah ihm nach. Er ging über den Platz, den Kopf gesenkt, die Hände in den Hosentaschen. Nun war er bei den Baracken. Er klopfte. Jemand öffnete ihm, und Mateo ging hinein. Mateo war an Naukas Wagen vorübergegangen und bei Tereina eingetreten. Nauka hielt den Atem an, sonst hätte sie weinen müssen.
Als die Wagen vom Winzerfest zurückkamen, regnete es immer noch. Pimmi freute sich: Migra mußte die Wagentür verschlossen halten, sie konnte nicht mit dem Kind auf der Treppe sitzen, und es würde auch kein Lagerfeuer geben. Sie überlegte, ob sie die Glückskraft des Schlüssels an Migra erproben sollte. Denn soviel war sicher: Er konnte nicht nur Türen und Tore öffnen. Auch ein Herz, so fest wie das von Migra, mußte sich damit aufschließen lassen. Vielleicht brauchte man nur einmal – oder besser dreimal? – mit dem Schlüssel die Wagentür zu berühren und gleich würde Migra heraustreten und Pimmi einladen, das kleine Kind zu betrachten? Aber das mußte gut überlegt werden. Gab es nicht Zauberdinge, die nur ein einziges Mal wirkten? Pimmi nahm sich vor, die kleine Ehra zu vergessen.
Juan deckte jetzt eine Plane über den Traktor, und Migra half ihm dabei.
»Ich gehe zu Tutta!« sagte Pimmi und lief hinaus. Doch, ob sie wollte oder nicht, sie mußte bei Migra und Juan stehenbleiben.

»Guten Tag«, sagte sie.
»Guten Tag, Pimmi«, sagten Migra und Juan und arbeiteten weiter. Pimmi legte die Hände auf den Rücken und sah ihnen zu. Ihr Haar wurde naß und strähnig, und Regentropfen sprangen ihr von der Nasenspitze. Sie ärgerte sich über sich selbst und blieb doch stehen.
Die beiden waren nun fertig und gingen zum Wagen.
»Weshalb stehst du da im Regen?« fragte Migra im Vorübergehen.
»Nur so.«
»Aha.«
»Wenn ich wollte«, sagte Pimmi und tastete nach dem Schlüssel unter ihrem Kleid.
»Wenn du was wolltest, Pimmi?«
»Aber ich will ja überhaupt nicht.« Nein, sie steckte Migra nicht die Zunge heraus, nur in Gedanken tat sie das. Migra hätte es auch gar nicht gesehen. Die Wagentür war schon zugefallen, nur das Gardinchen am Türfenster schaukelte noch vom Windzug. Pimmi stapfte mitten durch die Pfützen zu Jerikas Wagen hinüber. Tutta saß dort unter der Plane und preßte grünliche Würmer aus Putzpaste auf ein Tuch. Neben ihr stand die wunderbare Lampe, und alle Brüder hockten im Kreis um Tutta herum.
»Ninja hat mir ein fabelhaftes Putzmittel gegeben«, sagte sie. »Die Lampe wird herrlich!«
Eine Weile sah Pimmi zu, wie Tutta schmierte, wischte und rieb. Goldschimmernd hoben sich die Seerosen und Lilien aus der dunklen Schmutzschicht und dem angelaufenen Metall.
Als der Lampenfuß zur Hälfte fertiggeputzt war, sagte Pimmi: »Jetzt mach ich weiter!« Und nahm Tutta den Lappen aus der Hand. Tutta schrie wütend auf. Aber Pimmi sagte nur:
»Wenn du mir nicht sofort die Lampe und das Putzzeug gibst, nehme ich dich nicht mit. Du weißt ja, was ich meine.«
Tutta gab ihr den Lappen, und Pimmi durfte den Lampenfuß fertigputzen, auch den Stiel, den Brenner und die Fassung für den Zylinder, die wie eine Krone aussah.
»Du kannst das Glasding spülen, dort in der Pfütze«, sagte Pimmi.
Tutta lief zur Pfütze.
»Du kannst jetzt Ninja das Putzzeug zurückbringen«, sagte Pimmi.

Und Tutta tat es! War dieser Schlüssel nicht wirklich ein Wunderding? Er gab ihr Macht über die wilde Tutta. Noch ganz anderes sollte er zuwege bringen.
Doch nun war die Lampe fertiggeputzt, und Tutta war wütend. Sie sagte: »Ich muß jetzt die Hunde kämmen, und dann muß ich sie füttern, und dann habe ich keine Zeit mehr.«
Pimmi ging zum grünen Wagen hinüber und dachte, vielleicht wäre es doch nicht gut, zuviel Macht zu haben.
»Ich heirate Onkel Panelon«, sagte sie zu Nauka. Die saß allein im Wagen und nähte.
»Rede doch keinen Unsinn!« sagte sie und versteckte ihr Nähzeug unter dem Federbett.
»Es wäre doch praktisch, wenn du dann Mateos Frau bist«, sagte Pimmi.
»Ich verbiete dir, das zu sagen!«
»Aber . . .« fing Pimmi an. Dann fragte sie: »Was nähst du, Nauka? Es sah wie ein Kleid für Sara aus. Wollen wir mit ihr spielen? Schnell, hol sie heraus! Niemand sieht es. Weißt du noch, wie schön es war, als wir beide allein unterwegs waren? Du warst so lieb zu mir, Nauka, du hast mich getragen, und du hast das Lied von den vier Winden und der kleinen Schwester für mich gesungen. Wir wollen spielen, es wäre wieder damals.«
Da begann Nauka zu weinen, so bitterlich, daß Pimmi erschrak. Sie streichelte Naukas Schulter und wünschte, der Schlüssel möchte die große Schwester glücklich machen.
»Ich kann nicht spielen, Pimmi. Sara ist nicht mehr bei mir, ich habe sie Mateo zurückgegeben«, sagte Nauka. »Geh, Schwesterchen, laß mich allein. Ich möchte weinen, aber niemand soll mich sehen.«
Leise zog Pimmi die Tür hinter sich zu. Sie war traurig, weil Nauka nicht bei ihr weinen wollte. Aber sie dachte: Ich will jetzt nicht traurig sein mit mir selbst, ich will mit Nauka traurig sein. Was für ein Zauber ist an Sara, daß Nauka ihretwegen weinen muß? Ach, alles ist wieder auf dem falschen Weg, und er ist naß von Tränen. Sollte sie Nauka den Schlüssel geben? Oder ihr etwas Gutes zu essen bringen?
Sie lief zu Ninjas Wagen. Bestimmt würde Ninja, die Gute, ihr einen Lebkuchen für Nauka schenken, einen großen, ein Herz mit einem

von Onkel Jerkos schönen Sprüchen!
Aber die Tür an Tante Ninjas Wagen war verschlossen. Die Erwachsenen wollten dort allein sein und etwas besprechen. Sie schickten Pimmi fort.
Trübsinnig wanderte sie den schlammigen Weg hinauf und fing nun doch an, mit Pimmi traurig zu sein. Wollte sie nicht etwas Gutes tun, und man verjagte sie überall? Zu Tutta konnte sie nicht, weil Tutta beleidigt war. Und Nauka, für die Pimmi alles tun wollte, auch Nauka schickte sie weg. Endlich fiel ihr Tereina ein. Ja, sie wollte Tereina besuchen. Das arme stumme Mädchen war immer freundlich zu ihr.
Die Gadsche-Leute in der Baracke schickten Pimmi zur letzten Tür an dem langen, finsteren Gang.
Dreimal klopfte sie. Dann ging sie hinein und grüßte, wie es sich gehört:
»Ich finde euch mit Gott!«
»Ah, – sieh an!« sagte der Mann. Die Frau stand am Herd. Sie sah nur kurz über die Schulter und rührte dann weiter in einem Suppentopf.
»Ich finde euch mit Gott!« sagte Pimmi noch einmal.
»Die Feierlichkeit kannst du dir sparen. Wir halten nichts von solchem Gewäsch!« sagte der Mann.
Pimmi sah sich um. Da gab es ein Bett mit zerwühlten Decken auf schmutzigen Matratzen. Kein buntes Federzeug, kein weißes Laken. An der Wand türmte sich ein Haufen von Hausrat, alten Koffern, Kleidern und Schrott. Pimmi dachte an die Unordnung in Tante Jerikas Wagen: Eine bunte, lustige Unordnung war das, und Jerika räumte jede Woche einmal alles auf und kippte unzählige Eimer Wasser in die Ecken. Dies hier war eine schmutzige Unordnung.
Der Mann sagte: »Wenn du jetzt alles gesehen hast, kannst du dich verziehen. Oder ich zeige dir, wie man frechen kleinen Kröten Beine macht.«
Doch gerade hatte Pimmi Tereina entdeckt. Sie saß unter dem Fenster auf einem Strohsack.
Pimmi wollte zu ihr laufen, da riß der Mann sie zurück.
»Nichts da!« sagte er. »Die hat nicht zu grinsen, und niemand gibt ihr die Hand! Vorhin war euer Mateo schon hier, der Puppenkerl. Dem habe ich meine Meinung gründlich gesagt. Das Stück da gehört uns.

Wir geben ihr zu fressen, und dafür hat sie zu parieren. Wir brauchen sie fürs Geschäft, damit du es weißt: Ich bin Hausierer und habe einen ehrlichen Gewerbeschein! Aber die blöden Völker in der Stadt kaufen der Frau da lieber was ab, wenn sie mit dem Mensch da kommt. Und was tut es? Entwischt uns gestern und näht Puppenkleider für den Herrn Mateo. Puppenkleider! Aber die hat Prügel gekriegt, und gründlich, Kröte, gründlich!«

»Nein!« schrie Pimmi. »Du – du gemeines Vieh!«

Der Mann lachte. Jetzt drehte die Frau sich um. Sie schrie: »Und in unserem Revier seid ihr gewesen, du und deine dreckige Schlampe von Mutter! In meinem Revier, ich habe es gesehen, und die Leute haben es gesagt! Als ob die eure schlechten Deckchen haben wollten!«

Pimmi ging rückwärts zur Tür. Starr und gespannt hob Tereina das Gesicht, stemmte sich hoch und streckte beide Hände nach Pimmi aus.

Wütend stieß der Mann sie zurück: »Ich will dir zeigen, Kröte, wie ich mit Leuten umgehe, die mir frech kommen!« brüllte er. »Merk dir das, diese Hiebe bekommt sie für deine Frechheit: So! – und so! – und so! – und so!«

Und er schlug Tereina ins Gesicht.

Pimmi schrie vor Zorn und Entsetzen, rannte durch den Gang, stieß die Tür auf, stolperte über den Platz und warf sich, immer noch schreiend, gegen die Tür von Ninjas Wagen.

Mutter Savina fing sie auf.

»Er schlägt sie! Er ist ein Vieh, ich habe es ihm gesagt, und dafür schlägt er Tereina!« rief Pimmi.

Mara und Savina, Jerika, Ninja und Migra streichelten sie.

»Nu, nu! Sei stille, sei stille!« sagten sie. »Komm, kleines Vögelchen, unser Kindchen, schwarzes Hühnchen, sei still, sei gut, wir sind da, sei bei uns.«

»Ich habe es euch gesagt, er schlägt sie«, sagte Mateo.

»Kommt!« rief Jerko und ballte die Fäuste. »Wir werden ihnen zeigen . . .«

»Schweig!« befahl Mara. »Es sind Leute von unserem Volk. Ich werde mit ihnen reden.«

Stumm folgten ihr die Männer und Frauen.
Draußen wollten Jerikas und Migras Jungen und Tutta den Erwachsenen nachlaufen. Aber sie wurden zurückgeschickt. Auch Mateo durfte nicht mitgehen. Er war kein verheirateter Mann. Migra kam als letzte aus Ninjas Wagen. Unter der Tür wandte sie sich um und sagte zu Pimmi: »Sei lieb und schau nach meinem Kind, Pimmi. Ich weiß nicht, ob die Jungen gut auf das Kleine achtgeben.«
»Mateo!« rief Pimmi. »Komm mit! Es ist das schönste, das liebste, das allersüßeste Kind!«
Pimmi setzte sich mit Mateo auf Migras Wagentreppe.
»Was tut Nauka? Ich habe sie heute noch nicht gesehen«, sagte Mateo und stopfte seine Pfeife.
»Sie näht ein Puppenkleid für Sara. Aber sie ist traurig dabei. Sie weint, weil sie Sara nicht mehr hat, glaube ich. Kannst du sie ihr nicht leihen?«
»Hm«, machte Mateo.
»Du hörst mir nicht zu. Du siehst immer nur zu den Baracken hinüber. Du denkst an Tereina.«
»Ich denke an Tereina und ich denke an Nauka.«
»Überall sind falsche Wege, überall!« sagte Pimmi. »Falsche Wege und Tränen auf den Wegen.«
»Was sagst du?«
»Du hörst mir wieder nicht zu. Nauka müßte jetzt Sara haben. Kann man sonst wissen, ob der Puppe Sara das neue Kleid paßt?«
»Du hast recht«, sagte Mateo. Er stand auf und ging zum Karren hinüber. Mit Sara kam er zurück.
»Willst du sie zu Nauka bringen?« fragte er.
»Ja«, sagte Pimmi. »Und jetzt können wir wieder an Tereina denken. Hoffentlich verprügelt Mara-Mami das Vieh.« Mateo schüttelte den Kopf.

Drüben bei den Baracken standen die Männer und Frauen im Halbkreis vor dem Fenster. Mara war allein hineingegangen. Bis nach draußen hörte man ihren Stock im langen Gang pochen. Nun klopfte sie an die Tür und trat gleich ein. Kein Wort von den Leuten. Jetzt stieß Mara das Fenster auf.

»Es stinkt bei euch«, sagte sie. »Nach Dreck und nach Bosheit stinkt es. Der Himmel soll hören, was ich euch zu sagen habe, und auch die da draußen sollen es hören.«

Sie zog Tereina hoch. Alle konnten sie sehen: das blasse, verschwollene Gesicht, die wirren, strähnigen Haare, die Angst in Tereinas Augen.

Mara streichelte und küßte sie. Lautlos begann Tereina zu weinen. Seit sie ein kleines Kind war, seit ihre Mutter tot war, seit sovielen Jahren war niemand zärtlich zu ihr gewesen.

»Wem gehört dieses arme Kind?« fragte Mara laut.

»Dir nicht!« schrie der Mann und wollte Tereina am Arm wegreißen. »Wir geben ihr zu fressen!«

»Schweig!« sagte Mara leise und sah ihn an. Er duckte sich. Jetzt jammerte die Frau: »Haben wir sie nicht aufgenommen, als sie verlassen war? Haben wir ihr nicht Kleider und Schuhe gegeben, gutes Essen und ein Bett? Sind wir nicht selbst arme Leute? Wenn sie reden könnte, sie würde es euch sagen! Aber Gott hat sie gestraft, wer weiß, was ihre Eltern Schlechtes getan haben, daß sie solch eine Mißgeburt . . .«

»Schweig!« rief Mara. »Dieses Kind gehört euch nicht. Niemandem gehört es. Jeder Mensch gehört nur sich selbst und dem Vater im Himmel. Wer aber einen Menschen verachtet, der beleidigt das Gesetz unsere Volkes, das Gesetz der Liebe. Hat euch das niemand gelehrt? Wer die Schwachen nicht schützt und ihnen nicht hilft, der beleidigt das Gesetz unseres Volkes, das Gesetz der Bruderschaft. Hat euch das niemand gelehrt? Wer einen Wehrlosen schlägt, verletzt oder tötet, der beleidigt das Gesetz unseres Volkes, das Gesetz des Lebens. Hat euch das niemand gelehrt?« Immer langsamer, immer leiser, immer drohender hatte Mara gesprochen.

»Niemand hat sie geschlagen, niemand! He, – frag sie doch, frag sie doch!« schrie der Mann und brüllte in krampfigem Gelächter.

»Das Kind hat recht, er ist ein Vieh«, murmelte Mara. Dann ging sie wieder ans Fenster.

»Männer und Frauen!« rief sie. »Wollen wir Recht sprechen über diese Menschen?«

»Wir wollen! Wir wollen!« riefen die anderen.

»Juan, willst du für Bubala sprechen, der nicht bei uns ist?«
»Ich will, Mara.«
»So frage ich euch, was soll geschehen mit dem, der dreimal das Gesetz beleidigt hat? Ich frage dich, Panelon, du bist der Älteste.«
»Frag nicht mich! Frag nicht mich!« flüsterte der alte Mann.
»Und doch frage ich dich! Und alle sollen es hören: Durch deinen Leichtsinn mußten Parni und die Kinder sterben. Aber dieser Mann und seine Frau haben ein wehrloses, krankes Kind gequält. Was sollte mit ihnen geschehen? Sprich, Panelon!«
»Sie sollten geächtet werden«, sagte Panelon leise.
»Tino, ich frage dich!«
»Sie sollten geächtet werden.«
»Jerko!«
»Sie sollten geächtet werden.«
»Juan für Bubala!«
»Sie sollten geächtet werden.«
»Mara-Mutter!« rief Jerika leise. »Hast du vergessen, was du tatest, als Panelon ...«
»Du sollst nicht reden, ehe du gefragt wirst, Jerika! Aber sage mir, wie alt ist unser Gesetz?«
»So alt wie unser Volk. Dreimal tausend Jahre alt.«
»Savina! Was habe ich dich gelehrt, und was lehrst du deine Kinder, wenn du mit ihnen von unseren Gesetzen sprichst?«
»Sie sind heilig«, sagte Savina leise. »Unser Volk wird sterben, wenn wir die Gesetze verlassen.«
»Ninja! Du bist einfältig wie ein Kind. Sag mir, was größer ist als das Gesetz!«
»Sanftmut, Erbarmen, Güte«, murmelte Ninja. »Und Geduld!«
»Ja«, sagte Mara und strich eine weiße Haarsträhne unter ihr Kopftuch. »Sanftmut, Erbarmen, Güte und Geduld.«
»Ihr quatscht doch nur Blödsinn!« rief der Mann. »Wer hält sich denn noch an die alten Gesetze, he? Wer denn? Ihr vielleicht? Überhaupt ist das hier meine Wohnung. Raus mit dir, Alte!«
Die Männer draußen kamen näher ans Fenster. Mara hob die Hand.
»Tu's nicht! Tu's nicht!« schrie die Frau. »Liebe alte Mami, tu's nicht!«

»Nein«, sagte Mara verächtlich, »ich werde es nicht tun. Mein Kleid ist mir zu schade, deshalb. Ich müßte jetzt einen Fetzen von meinem Kleid reißen und euch, ihr schlechten Menschen, an den Kopf werfen. Und dann würde niemand aus unserem Volk mehr die Hand heben, um euch Speise und Trank zu geben, niemand noch ein Wort mit euch sprechen, niemand euch begraben, wenn ihr tot seid. Aber ich werde es nicht tun. Um des alten Mannes willen, der dort draußen steht, werde ich es nicht tun.« Sie reckte sich. Sie sagte lauter:
»Hört mich an, meine Kinder dort draußen, und ihr hier, hört mich an! Ich habe noch nie einen Menschen verflucht. Aber diese will ich verfluchen. Der große Vater möge mir verzeihen und alles Böse fernhalten von mir und meinen Kindern und Kindeskindern.«
Und dann rief sie:
»Ich verfluche euch, daß kein Kind euch jemals wieder vertraue. Sie sollen sich in den Röcken ihrer Mütter verstecken und in den Armen ihrer Väter, wenn ihr in ihre Nähe kommt. Kein Kind soll mit euch lächeln. Und ich verfluche euch, daß alle Tiere auf Erden, die Tiere der Luft, die Tiere des Wassers und die Tiere des Landes euch fliehen und fürchten. Kein Hund soll euren Schritten folgen, kein Kätzchen soll an eurem Ofen schnurren, kein Vogel soll für euch singen, und die Fische in den Bächen sollen sich unter den Steinen verstecken, wenn euer Schatten auf das Wasser fällt. Ich verfluche euch zur Feindschaft aller schwachen, aller unschuldigen, aller wehrlosen Geschöpfe, zur Feindschaft aller Kinder und aller Tiere!«
Hämisch lachte der Mann auf. Die Frau kicherte. Mara blickte sie nicht mehr an. Sie nahm Tereinas Hand und führte das Mädchen hinaus.
»Mara ist weise«, sagten die Männer und Frauen draußen. Dann schwiegen sie, denn es ist immer furchtbar, wenn ein Fluch ausgesprochen wird. Trifft er den Verfluchten zu Unrecht, so wird er zurückfallen auf den, der ihn tat und auf alle, die ihm nahe sind.
Mara und Tereina kamen aus der Baracke.
»Ninja und Jerko«, sagte Mara, »ihr habt keine Kinder. Wollt ihr Tereina zu euch nehmen?«
Gleich nahm Ninja das Mädchen in die Arme und weinte vor Rührung. Auch Tereina weinte. Jetzt verstand sie, was mit ihr geschah.

Noch in der Nacht packten die Verfluchten ihre Habe auf den Motorradanhänger und im Morgengrauen fuhren sie weg.
Die anderen Leute aus der Baracke waren froh.
Mara sagte zu ihnen: »Es ist nicht gut, wenn unsere Leute seßhaft werden. Aber ich kenne auch viele ordentliche Familien in den Städten, die wandern nicht mehr und halten doch noch an den alten Sitten und Gesetzen fest.«
»Es ist gut von euch, daß ihr das arme taubstumme Mädchen von denen weggeholt habt«, sagte eine Frau. »Manchmal dachte ich, sie wollten das Kind totschlagen. Dabei muß sie doch wohl schon achtzehn Jahre alt sein?«
»Sie ist jünger«, sagte Mara. »Ich habe es an ihren Zähnen und ihren Händen gesehen. Aber du hast recht, ihre Augen sind alt. Viel älter noch.«
»Etwas ist seltsam«, sagte die Frau. »Als diese Leute heute morgen abfuhren, waren alle unsere Tiere so aufgeregt, als sollte es ein Gewitter geben. Ich hatte gerade den Hund herausgelassen und den Hühnerstall aufgeschlossen. Der Struppi hat den Kerl erst angebleckt und ist auf ihn losgefahren mit gesträubten Haaren. Ich dachte schon, er wollte ihn beißen, aber als er auf drei Schritte an den Mann herangekommen war, sprang er zurück, als hätte ihn ein Stein getroffen. Er ist ins Haus gerannt und dann unters Bett gekrochen, bis die Leute fort waren. Und die Hühner, die kümmern sich sonst doch nicht darum, wer auf dem Weg ist, schon gar nicht frühmorgens, wenn man sie hinausläßt. Aber heute haben sie sich nicht die Leiter hinuntergewagt, solange die beiden noch draußen ihren Kram gepackt haben. Auch unsere Kaninchen sind mir heute ängstlicher als sonst vorgekommen. Ich denke, das müssen sehr böse Menschen gewesen sein, wenn die Tiere sich so vor ihnen gefürchtet haben. Das war mir nur bis jetzt noch nie aufgefallen.«
Mara und ihre Töchter schwiegen und blickten auf ihre Hände.
»Könnt ihr euch das erklären?« fragte eine andere Frau.
»Man kann es nicht erklären«, sagte Mara. Denn wie soll man die Gewalt des gerechten Fluchs verstehen? Das konnte auch Mara nicht.
»Gott möge ihnen gnädig sein!« murmelte sie. Dann redete sie mit den Leuten von anderen Dingen. Sie wollte für Jerikas Familie und für Panelon und Mateo Barackenzimmer mieten. Bald würde es schneien.

Der Karren war zu klapprig und Jerikas Wagen zu eng als Winterquartier. Für Ringelblume hatte Mateo schon einen Schuppen am Bahndamm gefunden.
Mittags fuhr Mara mit Juan in die Stadt zu den Behörden. Sie unterschrieb den Meldezettel und einen Mietvertrag für die Barackenzimmer mit drei großen Kreuzen. Noch am gleichen Tag richteten sie die Zimmer ein.
Die Frauen schwemmten Ströme von Seifenlauge über den Fußboden und schrubbten und scheuerten mit Juans schärfsten Bürsten und Besen. Alle halfen dabei, auch die Jungen. Tino kaufte auf dem Schrottplatz für wenige Groschen drei alte, eiserne Öfen, durchgerostet und halb zusammengebrochen. Die klopfte er wieder zurecht, denn er war nicht nur Musiker, sondern auch Schmied, Kunstschmied, Kupferschmied. Er brauchte nur seine Hämmer und ein paar Bleche, keinen Amboß und kein Feuer. Als Jerikas Jungen und ein Mann aus den Baracken ihm zusehen wollten, schickte er sie weg. Nur Branko hockte neben ihm und merkte sich jeden Handgriff. Er war nun elf Jahre alt und sollte nicht nur Gitarre spielen können, wenn er ein Mann wurde, und es war Zeit, die alten Handwerksgeheimnisse an ihn weiterzugeben.
Am Abend brachten Migra, Savina und Ninja Glut aus ihren Öfen und sprachen einen alten Feuerspruch dazu.
Migra heftete mit Reißnägeln ein Bild an die Wand, einen ihrer vielen Heiligen: Georg mit dem Drachen, weil in diesem Zimmer doch gestern noch zwei schlimme Drachen gehaust hatten.
Natürlich feierten sie an diesem Abend ein Fest. Dankbar und fröhlich wollten sie sein und mit Lachen und Lärmen alle schlechten Geister aus der neuen Winterbehausung vertreiben. Sie brachten auch ihre Tiere mit, die Hunde, die Hühner und das Kätzchen Macki. Sogar Ringelblume wurde an die Fenster geführt, damit sie ihre guten Augen freundlich auf allem ruhen lassen konnte. Denn die Tiere, meinten sie, seien voller Unschuld und Güte und beherbergten gute Geister.
Zuerst saßen alle bei Jerika und aßen, was sie sich mitgebracht hatten. Die Kinder tauschten ihre Butterbrote, Käsestücke und Wurstenden untereinander. Ein großes Mahl gab es heute nicht, niemand hatte Zeit gehabt zu kochen. Außerdem mußten sie nun sparsam sein, der Win-

ter würde eine hungrige Zeit werden. Aber die Männer brachten Wein mit, gerade genug, daß jeder ein Glas trinken konnte.
Später gingen sie zu Panelon und Mateo hinüber. Der hatte sein Puppentheater aufgeschlagen und spielte ein Stück, in dem ein Ritter vorkam, der den bösen Drachen besiegte, von dem die schöne Prinzessin gefangengehalten wurde. Migra war sehr stolz und sagte:
»Seht ihr! Wie auf meinem Bild!«
Auch die anderen lobten das Spiel. Nur Nauka schwieg. Sie dachte, Mateo hielte sich wohl selbst für den Ritter und die schöne stille Tereina für die befreite Prinzessin? Dann wollte er sie wohl auch zur Frau nehmen, wie es im Puppenspiel geschehen war?
Da rief Pimmi: »Nauka kann so wunderschön die Puppe Sara tanzen lassen!«
»Sei still, Pimmi«, sagte Nauka.
»Laß die Puppe tanzen! Laß sie tanzen, Nauka!« riefen die anderen.
Nauka sah Mutter Savina an. Die nickte ihr zu. Sollte Mateo nicht sehen, wie tüchtig ihre Tochter war? Wieder saß er heute neben Tereina.
Nauka sah Vater Tino an. Auch er nickte.
Da stand sie auf und ließ sich von Mateo die Puppe Sara geben.
»Singst du das Lied von den vier Winden und der kleinen Schwester?« fragte Pimmi.
»Nein, ich singe ein anderes Lied.« Nauka ging hinter die Puppenbühne, und Mateo löschte das Licht.
Noch nie hatte Sara so getanzt wie heute, und Nauka sang:

»Rote Bänder gab mir Fero,
rote Bänder flocht' ich in mein Haar.
›Hörst du, wie im Saal die Geigen singen?
Meine Schöne, willst du mit mir tanzen?‹

Lichter brennen in den Wagen,
helle Lichter leuchten in dem Saal.
Warten will ich auf der Wagentreppe,
Fero, ach, wann kommst du, mich zu holen?

Alle tanzten schon dort drüben,
alle tanzen, und die Geigen rufen.
Alle Mädchen lachen schon und drehn sich,
alle scherzen schon mit ihren Burschen.

Ach, ich seh es durch das Fenster:
Fero tanzt und lacht mit einer anderen!
Seine Zähne glänzen wie Perlmutter,
seine Haare sind wie schwarze Seide.

Fero, siehst du meine Tränen?
Fero, siehst du mich am Fenster stehn?
Krumme Füße, Fero, hat die andre,
häßlich ist ihr Mund, ihr Herz wie Asche!

Kommst du morgen, mich zu grüßen,
laß ich dich im Regen stehen, Falscher!
Laß dich draußen vor dem Wagen warten,
lausche hinterm Fensterchen und lache!

Eine Stunde sollst du warten,
eine halbe wird schon lang genug sein, –
eine Viertelstunde, ja, das schwör' ich! –
wenn du morgen wiederkommst, mein Fero!«

So sang Sara, so sang Nauka. Zum Schluß klatschten alle im Takt mit den Händen.
Es wurde wieder hell in der Stube. Nauka gab Mateo die Puppe zurück.
»Du bist eine gute Puppenspielerin, Nauka«, sagte er. »Ich möchte dir die Puppe Sara schenken. Eigentlich gehört sie doch dir. Ich muß nur erst einen Ersatz für sie haben, eine neue Tanzpuppe.«
»Wirst du . . .«, fing Nauka an. Sie wollte fragen: Wirst du der neuen Puppe das Gesicht der schönen Tereina schnitzen? Aber sie schwieg. Alle in dem kleinen Raum schwiegen. Keiner von ihnen konnte einen großen Kummer oder eine große Freude für sich allein haben.
Mara sagte laut: »Die alten Lieder enden doch fast immer mit Fröhlichkeit. Meint ihr nicht auch, daß Fero am nächsten Tag gekommen

ist? Meint ihr nicht, daß er geduldig im Regen gewartet hat, eine Viertelstunde, eine halbe, eine ganze?«
Nun lachten sie alle wieder und redeten über die alten Lieder. Aber es war ein gezwungenes Gespräch und ein halbes Lachen. Nauka, Savina, Tino und Mateo sagten kein Wort dazu.

Winter und Frühling

»Mond! Mond! Mond!« flüsterte Pimmi und schlich hinter Migras Wagen. So schön und still stand er dort oben im Blauen. Hier unten war wieder einmal alles schwierig. Pimmi wußte sogar genau, daß sie selbst jetzt auf dem falschen Weg war.
Schnee lag auf dem Lagerplatz, weißer Schnee auf den kleinen Gärten, kühler Schnee auf den dunklen Baracken und den Wagendächern. Es gab zuviel Feindschaft zwischen den Menschen im Lager, Feindschaft in der Sippe.
Da ging Mateo alle Tage mit Büchern und Heften von der Baracke zu Ninjas Wagen. Tereina lernte lesen und schreiben bei ihm. Nun konnte sie sprechen mit kleinen krausen Zeichen auf weißem Papier. Jeden Tag wurde sie fröhlicher. Mußte deshalb Feindschaft kommen? Es war oft schwer, die Erwachsenen zu verstehen. Warum wollten die Eltern nicht, daß Tereina von Mateo schreiben und lesen lernte?
Auch Nauka wollte es nicht, das war leicht zu merken, wenn sie am Fenster saß und Mateo über den Platz gehen sah. Jeden Tag wurde sie trübsinniger und blasser. Was hatte Tutta gesagt?
»Die platzt vor Eifersucht! Sie ist eifersüchtig wie ein Affe!«
Und Pimmi hatte wütend den gläsernen Zylinder von der schönen Lampe an die Wand geworfen. Denn Tutta hatte recht, und deshalb war Pimmi nun über Nauka ärgerlich.
Schrecklicher Winter! Bubala war aus dem Gefängnis gekommen. Man feierte ein Fest für ihn, aber er trank zuviel Wein und zerschlug Jerkos prächtige lange Nase im Streit. Bubala hatte Jerko noch niemals

leiden können. Aber Jerko machte sich auch immer lustig über Bubala, das sollte er nicht tun. War es Bubalas Schuld, daß er dumm sein mußte? Und was hatte Tutta dazu gesagt?

»Mein Vater hat es für Nauka getan! Herrlich hat Jerko geblutet, ganz herrlich!«

Wie sollte man das alles verstehen? Weil Tereina lesen lernte, gab es Streit zwischen Mara-Mami, Panelon, Mateo, Jerko, der lieben Tante Ninja und allen anderen Erwachsenen? Für Nauka zerschlug Bubala Jerkos Nase? Und jetzt waren die Eltern mit Jerika und Bubala in Migras Wagen. Pimmi wollte mit hinein, aber man schickte sie fort: »Wir haben etwas zu beraten! Lauf zu den Kindern, spiel mit Tutta drüben in der Baracke!«

Was wollten sie beraten – ohne Mara-Mami, ohne Panelon und Mateo, ohne Ninja und Jerko? Das mußte Pimmi wissen.

Aber die Wände von Migras Wagen waren gut gefügt, kein Wort konnte man verstehen. Am Schlüsselloch mochte sie nicht horchen. So kroch Pimmi also unter den aufgebockten Wagen. Ja, dieser Platz war gut. Jedes Wort konnte Pimmi verstehen. Gerade sprach Migra.

»Aber ihr könnt das doch nicht gegen den Willen eurer alten Frau tun«, sagte sie erschrocken. »Das dürft ihr nicht.«

»Sie weiß nichts davon, also geschieht es auch nicht gegen ihren Willen.«

Das war Jerika.

Oho! dachte Pimmi. Das muß ich mir merken. Ich krieche hier unter euren Füßen umher, ihr wißt nichts davon, also ist es nicht schlimm. Gut, gut. Aber was wollten sie vor Mara-Mami verheimlichen? Das konnte nichts Gutes sein. Vater Tino redete jetzt: »Wir wissen, daß es gegen die Sitte ist. Aber handelt nicht auch Mateo schon lange gegen die Sitte? Er beleidigt Nauka und uns. Panelon, Jerko und Ninja sehen zu, wie er zu Tereina läuft. Ginge es nach den alten Gesetzen, dann müßten wir ein großes Gericht einberufen oder sie zum Kampf fordern.«

»Fordern! Jawohl!« schrie Bubala. Krachend schlug er mit der Faust auf den Tisch.

Pimmi duckte sich. Erdklumpen, Spinnweben und Staub prasselten ihr in den Nacken.

»Bubala!« sagte Mutter Savina. »Ist es nicht schlimm genug, daß du dich schon mit Jerko geschlagen hast? Nun ist Blut geflossen, und die Schuld bleibt auf unserer Seite.«
»Schlagen, jawohl! Blut soll fließen! Anstand lernen sollen die Großschwätzer!«
Pimmi flüsterte: »Er ist dumm. Es ist wahr. Ein Schafskopf.«
Oben im Wagen sagte Juan, bedächtig und leise, wie es seine Art war: »Wenn du nicht Ruhe gibst, Bubala, müßt ihr draußen im Schnee weiterreden. Dann könnt ihr euch auch anderswo nach Reisegeld umschauen. Wir sind friedliche Leute.«
»Immer Bubala! Immer Bubala!« rief Jerika. »Jerko hat ihn gereizt, das Froschmaul!«
Pimmi mußte lachen. Froschmaul! Bubala brummte noch etwas, das konnte sie aber nicht verstehen.
Vater Tino sagte: »Ich bitte dich, Juan, wir brauchen deine Hilfe. Es ist beschlossen, daß wir fahren. Denkt auch an Savina. Wir wollen nicht, daß es hier zwischen lauter Zank und Falschheit ankommt. Migra wird das verstehen.«
Migra sagte: »Das verstehe ich gut. Und deshalb wollen wir euch helfen. Nur deshalb, nicht wegen Naukas dummer Eifersucht oder Tinos Starrsinn.«
Diese Migra mußte doch immer sagen, was sie dachte! Aber was verstand sie gut? Was sollte ankommen? Das verstand Pimmi nicht.
Nun sagte Vater Tino: »Wir fahren also heimlich ab. Die alte Frau wird das erst merken, wenn der Wagen rollt. Von euch erbitten wir nur, daß ihr bis dahin schweigt, bis übermorgen.«
Das verstand Pimmi. Übermorgen sollte der Wagen rollen. Aber wohin?
Vater Tino sagte: »Bestimmt können wir euch das Geld zurückgeben, wenn wir uns später beim Sarafest treffen. Wir werden ja lange unterwegs sein. Wenn es kommt, haben wir einen größeren Aufenthalt. Hoffentlich weit im Süden.«
Pimmi hörte nicht mehr zu. Sarafest! Süden! Sie tastete nach dem Schlüssel. Weshalb hatte sie nicht eher daran gedacht? Als kleines Kind war sie einmal beim Sarafest gewesen. Dort im Süden würde sie das Tor finden.

Sie kroch wieder unter dem Wagen hervor, reckte die Arme, flüsterte: »Mond, Mond, Mond!« und schlich zum grünen Wagen hinüber.

Branko kam ihr aufgeregt entgegen: »Sie ist ein Hahn!« schrie er und schwenkte Dschabris zweite Schwester. »Kümmerst du dich eigentlich gar nicht mehr um deine Hühner?«
»Ich habe mich um wichtigere Sachen zu kümmern«, sagte Pimmi und kletterte auf ihr Schlafbrett.
Mara und Nauka saßen am Tisch und spielten Dame. Lustlos schob Nauka die Steine.
»Erlaubst du, daß ich Claude und Dschabris Bruder zum Kämpfen abrichte?« fragte Branko.
»Nein«, sagte Pimmi. »Das will ich nicht. Aber ich schenke sie dir. Ich glaube, Mateo weiß schon längst, daß Dschabris zweite Schwester Dschabris Bruder ist.«
Hart setzte Nauka einen Stein. Branko fragte schnell:
»Schenkst du mir wirklich die beiden Hähne?«
»Ich schenke sie dir«, sagte Pimmi.
Branko rannte zur Tür. »Ich muß sie den Jungen zeigen!«
»Geh auch zu Tereina!« rief Pimmi ihm nach.
Wütend wischte Nauka alle Steine vom Spielbrett. Mara-Mami seufzte.
»Schade«, sagte Pimmi. »Du hättest bestimmt gewonnen, Nauka. Hattest du nicht weiß? Die weißen Pferde gewinnen immer.«
»Du willst mich kränken! Alle wollen mich kränken!« rief Nauka und lief zur Tür.
»Halt!« sagte Mara. »Wohin?«
»Zu Migra und Juan. Dort ist wenigstens niemand, der mich ärgert.«
Krachend flog die Tür zu.
»Weshalb willst du Nauka wehtun?« fragte Mara.
Pimmi sprang vom Schlafbrett und hob die Steine auf.
»Ich muß allein mit dir sprechen, Mara-Mami.«
»Dann sprich.«
Aber wie sollte man anfangen?
»Manchmal tut man etwas Schlechtes, wenn man etwas Gutes tun möchte«, sagte Pimmi.

»Ja, Pimmi. Das kann geschehen. Aber ich glaube nicht, daß du etwas Schlechtes getan hast.«

»Wenn man lauscht, und man erfährt etwas, darf man dann darüber reden?«

»Man redet nicht über das, was verschwiegen bleiben soll. Man lauscht auch nicht«, sagte Mara.

Pimmi seufzte. »Man hat einen Schlüssel. Aber man weiß nicht, wo das Tor ist, man weiß nicht, wie man es aufschließen soll. Eine alte Frau weiß es vielleicht?«

»Du mußt deutlicher reden.«

»Ich darf doch nicht.«

»Dann schweig.«

»Ich werd jetzt geradeaus reden. Du verstehst meine Umwege nicht.«

Mara schüttelte den Kopf. »Du bist müde, Pimmi. Geh schlafen.«

»Und wenn man aufwacht, rollen die Räder.«

»Unsinn.«

»Aber ich habe doch gelauscht!« rief Pimmi verzweifelt. »Übermorgen, wenn wir aufwachen . . .«

»Komm!« Mara stellte Pimmi zwischen ihre Knie. »Nun sag, was du weißt.«

Das tat Pimmi. Mara schwieg und ließ sie reden. Als Pimmi fertig war, sagte sie leise: »Er muß es wissen.«

»Ja«, sagte Pimmi. »Das habe ich auch gedacht. Darf ich?«

Mara nickte. Sie nahm aus ihrer Kleiderkiste ein großes schwarzes Tuch mit langen Fransen und legte es über Pimmis Kopf und Schultern. Sie kreuzte die Enden vor ihrer Brust und machte im Rücken einen festen Knoten.

»Er wird bald zu Ringelblume hinübergehn. Vielleicht mußt du warten.«

Mit der Türklinke in der Hand fragte Pimmi: »Mara-Mami, was ist ›es‹? Was wird ankommen?«

»Warte, warte«, flüsterte Mara. »Du wirst sehr froh sein.«

»Ist es ein Geheimnis oder eine Überraschung?«

»Beides, Pimmi. Lauf jetzt!«

»Aber wir beide«, sagte Pimmi, »wir haben auch ein Geheimnis. Und du bist so alt, und ich bin so klein. Ist das nicht wunderbar?«

Mara lächelte. »Es ist wunderbar, Pimmi.«
»Alle Geheimnisse sind wunderbar«, flüsterte Pimmi und lief zum Bahndamm.

Nicht lange danach ging Mateo mit einem Wassereimer, einer Wagenlaterne und einem Hafersäckchen zu Ringelblumes Schuppenstall. Er hängte die Laterne an einen Balken und stellte den Eimer ab.
»Guten Abend, meine Alte!« sagte er. »Heute gibt es sogar Hafer. Mit dem Heu müssen wir sparsam sein. Der Winter geht bald zu Ende.«
Da sprach eine hohle, flüsternde Stimme von dorther, wo Ringelblumes Kopf und das kleine Schuppenfenster waren:
»Ja! Ja! Ja! Zu Ende geht er bald, der Winter! Das Heu ist sowieso schon alt und stockig. Laß uns wieder fahren, Mateo! Dort, wo die heilige Sara wohnt, am Meer, sind schöne Wiesen. Die Sonne scheint dort, und meine wilden weißen Brüder grasen hinter dem Tor zum Glück. Warte nicht länger, nein, nein, nein! Warte nur noch einen Tag. Denn die Motorwagen werden heimlich aufbrechen. Heimlich bei der Nacht, bald, bald, bald, ja, ja, ja!«
Mateo lachte. »Pimmi?«
Er nahm die Laterne und beugte sich aus dem Fenster. Nichts. Nur der Mond stand über dem Bahndamm, schön und still. Nachdenklich kraulte Mateo Ringelblumes Stirn.
»Verstehst du, was sie gesagt hat?« fragte er. »Heimlich wollen sie fort? Kann das Naukas Wille sein?«
Schurrend rutschte eine Schneelast vom Schuppendach. Mit Gurgeln und Plätschern rannen kleine Schmelzwasserbäche vom Bahndamm.

Am nächsten Morgen hatte Dschabri ihr erstes Ei gelegt, ein makelloses, kleines weißes Ei. Pimmi mußte es allen im Lager zeigen.
Die Eltern und Mara-Mami freuten sich mit Pimmi. Sogar Nauka war freundlich und rechnete für Pimmi aus, wieviel Eier Dschabri im Lauf der Jahre noch legen könnte: mehr als tausend. Tausend! Und wenn man wollte, konnten tausend neue Hühnchen daraus werden.
Tutta bot ihr die Lampe für Dschabri.
»Ein Huhn, das Eier legt, gegen eine Lampe ohne Glasröhre?« fragte Pimmi.

Tutta schrie: »Du Schiefaugen-Ekel!«, weil doch Pimmi selbst die Glasröhre an die Wand geworfen hatte.
»Froschmaul!« sagte Pimmi und ging weiter.
Jerikas Jungen redeten von Eierkuchen, Spiegeleiern, Trinkeiern. Sie sahen eben nicht, wie schön dieses Ei war.
Aber Tereina sah es. Sie streichelte die glatte Schale und schrieb auf einen Zettel: »Schön, Ei.« Pimmi konnte nicht lesen, aber sie ahnte, was Tereina geschrieben hatte.
Ninja und Jerko schauten nur flüchtig hin. Offenbar hatten sie etwas Wichtiges zu besprechen.
Migra und Juan schenkten Pimmi einen kleinen Eierkorb. Migras Jungen boten ihr die große Bratpfanne an. Man könnte dort Dschabri gleich mit dem Ei zusammen braten, meinten sie.
Pimmi wanderte zu den Baracken hinüber. Jerika und Bubala stritten sich gerade, und Pimmi schlich wieder fort. Sie wollte von Streit nichts mehr wissen.
So kam sie mit dem Ei zu Panelon und Mateo.
»Es ist ein Wunder und ein Geheimnis«, sagte Pimmi. Sie wußte, daß Mateo sie verstand.
»Ja«, sagte er. »Es geschehen überhaupt viele Wunder und Geheimnisse in diesen Tagen. Junge Hühner legen Eier, und alte Pferde reden.«
»So ist es«, sagte Pimmi. »Und sie reden die Wahrheit.«
»Hat Mara-Mami dir das gesagt? Weiß sie etwas vom Geheimnis des Pferdes?«
»Sie weiß es und weiß es nicht. Niemand hat es ihr gesagt, aber sie hat es erfahren, weil es dunkel ist unter Migras Wagen.«
»So, so!« Mateo fand auch Pimmis Rede dunkel.
»Weiß auch Nauka etwas vom Geheimnis des Pferdes?« fragte er.
»Niemand hat ihr etwas gesagt, und deshalb weiß sie nichts.«
Jetzt wurde Mateo so vergnügt, daß er Pimmi ein Stück Schokolade schenkte. Dies war nun wieder für Pimmi dunkel: Wieso gab Mateo ihr Schokolade, weil Nauka nichts wußte?
Sie schenkte Panelon das Ei. Der sträubte sich lange, aber Pimmi blieb dabei. Er hatte ihr das Huhn gebracht, er sollte auch das erste Ei haben.

Schließlich sagte Panelon: »Es ist mir eine Ehre!« und trank das Ei vor Pimmis Augen aus. Sie sah ihm dabei zu. Mateo schenkte ihr noch einen Riegel Schokolade und sah sie mit Trostaugen an.
»Sie wird bald ein neues legen«, sagte er.
»Tausend! Nauka hat es gesagt.«
»Dann ist es wahr.«
Im übrigen war dies ein Tag wie alle Tage im Winterlager: Man kochte, man räumte ein bißchen im Wagen oder in der Barackenstube, die Frauen hängten Wäsche am Bahndamm auf. Man ging grußlos aneinander vorbei, wenn man feindlichen Parteien angehörte, man stand nicht unnötig lange beieinander, wenn man Verbündete traf.
Oder sollte sich jemand Gedanken darüber machen, daß Tino mit dem jungen Juan und Hotolo den Traktor halb auseinanderbaute und wieder zusammensetzte? Alle Jungen und auch Pimmi und Tutta sahen dabei zu. Pimmi erfuhr, daß Schmelzwasser im Öltank eine böse Sache ist, daß man damit nicht fahren kann. Pimmi merkte sich das.
Mara saß auf der Wagentreppe und strickte. Ninja kam vorüber, und Mara sagte zu ihr:
»Wenn die Männer mit den Motoren spielen, wird es Frühling, nicht wahr?«
»Aber es ist doch noch viel zu früh zum Fahren«, sagte Ninja.
»Viel zu früh«, sagte Mara und nickte ihrer lieben, dicken Tochter freundlich zu. Auch Ninja nickte freundlich, und beide zwinkerten dabei ein ganz klein wenig mit den Augen.
Ninja kam nämlich gerade von Mateo. Mit dem hatte sie eine Autokarte von Frankreich betrachtet. War daran etwas Absonderliches bei Ninja, die so gern Auto fuhr?
Oder daran, daß Mateo am späten Nachmittag mit Ringelblume fortging? Das tat er fast alle Tage, die alte Stute brauchte doch Bewegung. Heute ging auch Panelon mit, kein Wunder, bei dem schönen Wetter.
Allerdings sah man Mateo erst nach Sonnenuntergang zurückkommen, und ohne Ringelblume, ohne Panelon. Doch das merkte nur Pimmi, die sehr lange, in Maras schwarzes Wolltuch gehüllt, hinter dem leeren Schuppenstall gewartet hatte. Sie mußte noch etwas mit Mateo besprechen. Schließlich war sie den Barackenweg hinuntergegangen, bis zur Straßenlaterne. Und dort traf sie Mateo.

»Ist Ringelblume ausgerissen?« fragte sie erschrocken.
»Es scheint so«, antwortete Mateo.
»Und Panelon rennt ihr nach?«
»Es scheint so.«
»Was scheint so? Du könntest deutlicher reden.«
»Von Geheimnissen, die man im Dunkeln unter einem Wagen findet, redet man ja auch nicht deutlich.« Doch dann lachte Mateo, nahm Pimmis Kopf zwischen die Hände und drehte ihn zur Seite: Oben rollte ein Güterzug langsam über den Bahndamm, und dahinter stand wie gestern der Mond. Mateo sagte nichts, aber er winkte zum Zug hinauf.
»Ach!« rief Pimmi. »Ihr seid klug! Und ich dachte schon, ich müßte von Zeit zu Zeit Wasser in den Öltank gießen.«
Mateo brauchte einige Minuten, bis er diesmal Pimmis Gedankensprung folgen konnte. Dann ließ auch er seine Gedanken springen, und er lächelte dabei. Ob Pimmi ihn wohl verstehen könnte?
»Das Tor ist zwischen einer Stadt mit einer halben Brücke und der Stadt des gezähmten Drachen.«
»Natürlich!« rief Pimmi. »Den Drachen hätte ich fast schon wieder vergessen. Aber den Schlüssel zum Tor habe ich.«
Mateo staunte und sagte nichts mehr.
Pimmi fragte jetzt:
»Man wird das Tor doch erkennen können?«
»Du wirst Sara finden«, antwortete Mateo. »Aber was ist mit dem Schlüssel?«
»Den habe ich. Es ist mein Schlüssel!« sagte Pimmi und faßte unter das Tuch. Doch dann fragte sie:
»Was man findet, ich meine, richtig findet, nicht so, daß Nauka oder die anderen Erwachsenen es zurückgelegt haben wollen, – gehört einem das?«
»Nicht alles. Wenn du zum Beispiel dein Kätzchen verlierst, und jemand anders findet es, dann bleibt es doch dein Kätzchen.«
»Aber man findet etwas und weiß, daß jemand anders will, man soll es finden. Irgend jemand, zum Beispiel ein Prinz aus dem Garten des Glücks mit den weißen Pferden?«
»Weiß man das genau?« fragte Mateo.

»Ach«, sagte Pimmi traurig. »Man weiß es nicht genau. Immer, wenn ich es genau wissen will, wird es wie ein Traum oder wie ein Märchen. Aber wenn ich es träume, ist es wirklich.«
»Schwesterchen«, sagte Mateo. »Du hast schöne Träume.«
»Also wem gehört der Schlüssel?« fragte Pimmi.
»Zuerst gehört er dem Tor«, sagte Mateo. »Und dann denen, die hindurchgehen sollen.«
Pimmi nickte und schob ihre Hand in seine Hand. Sie gingen zum Lager. Es roch nach Erde und nach dem Teer auf den Barackendächern, und nach Frühling roch es.
»Vielleicht bin ich es gar nicht«, sagte Pimmi. »Vielleicht bist du es oder Nauka? Oder wird es Tereina sein?«
»Wir alle wollen es sein«, sagte Mateo.

Noch vor der ersten Morgendämmerung fuhr der Lastwagen mit der grellroten Aufschrift »Zirkus Dinelo« den Barackenweg hinauf. Schwankend zog der grüne Wagen hinter dem Traktor her. Juan und Migra standen auf ihrer Wagentreppe und winkten, aber nichts rührte sich in Ninjas weißem Wohnanhänger, nichts hinter dem Fenster zu Panelons und Mateos Barackenstube. Zwar hatten die anderen alles noch in der Nacht gut vorbereitet und den Lastwagen so heimlich gepackt, daß sie jetzt nur die Motoren anzulassen und abzufahren brauchten, – aber machte das nicht Lärm genug?
Tino war froh darüber. Er fürchtete sich vor Maras Vorwürfen und Naukas, Pimmis und Brankos Fragen. Es war ihm schon längst nicht mehr wohl bei der heimlichen Abreise.
Bubala ärgerte sich. Er ließ noch auf dem Lagerplatz den Motor aufheulen, zog im Schneckentempo an Ninjas Wagen vorüber, und vor den Baracken hupte er wütend, Hallo! He! Wollte denn niemand ein dummes Gesicht aus dem Fenster strecken? Niemand, den er auslachen konnte? Nur die anderen Barackenbewohner schauten verschlafen und ärgerlich aus Fenstern und Türen. Das verdarb dem wilden Bubala den ganzen Aufbruch.

Weinend saß Nauka auf ihrem Lager im grünen Wagen. Sie starrte zu den Baracken hinüber. »Was habt ihr vor? Weshalb fahren wir allein?

Wohin?« fragte sie. »Warum wußte ich nichts davon?«
Savina konnte sie nicht trösten, und Mara wollte sie nicht trösten. Pimmi flüsterte ihr etwas vom Tor des Glücks zu. Nauka schob sie fort.
»Laß sie. Tränen machen die Augen klar. Durch Tränen sieht man die Wahrheit am deutlichsten«, sagte Mara.
Pimmi wunderte sich, daß Mara-Mami, die Gute, so hart sein konnte.
Savina wunderte sich noch mehr über Mara. Keine Fragen? Kein Vorwurf? Kein Ärger, weil man ohne ihr Wissen und ohne ihren Rat einfach davonfuhr?
Da saß sie zufrieden lächelnd in ihrem Bett, von Kissen gestützt, und strickte. Sie strickte ein weißwollenes Tuch und zählte die Maschen. Es mußte ein sehr schwieriges Muster sein. Immer unruhiger wurde Savina. Endlich fing sie selbst an:
»Mara-Mutter! Bist du gar nicht ärgerlich, weil wir nun fahren?«
»Es schüttelt etwas«, sagte Mara, zählte: »– sieben, acht, neun, zehn. Rechts: eins, zwei, drei, vier, fünf, sechs . . .«, und ließ die Nadeln klappern.
Als sie mit der Reihe fertig war, sagte sie: »Gut, daß Nauka mir gestern noch diese weiße Wolle besorgt hat. Wer weiß, ob man in Frankreich noch einmal die gleiche bekommt?« Und ehe Savina wieder etwas fragen konnte, zählte sie flüsternd: »Links: eins, zwei, drei, vier, fünf . . .«
Am Ende der nächsten Reihe sagte sie: »Ich hätte gern Kaffee, Tino kann wohl irgendwo kurz anhalten, damit wir Feuer im Herd machen können. Rechts: eins, zwei, drei, vier, fünf, sechs, sieben . . .«
Mara ließ sich keine Fragen stellen, auf die sie nicht antworten mochte. Als aber Pimmi sie fragte: »Was für ein Tuch strickst du, Mara-Mami?« schaute sie schnell über den Brillenrand und lächelte und sagte:
»Eine warme Decke für ein kleines Kind.«
»Für welches Kind? Für Migras Ehra? Sie hat aber schon eine sehr schöne Decke.«
Doch da zählte Mara-Mami schon wieder die Maschen.
Sie fuhren nach Süden am Rhein entlang, rechts vom Strom auf schmalen Nebenstraßen. Gegen Mittag waren sie an der Grenze nach Frankreich, nicht weit von dem Dorf, bei dem die roten Felsen lagen. Nauka

war nun ruhig und weinte nicht mehr.
Am Abend brannte wieder ein Lagerfeuer unter freiem Himmel. Pimmi und Tutta versorgten die Tiere, – die Hunde, die Hühner und das Kätzchen. Nauka half Mara, Savina und Jerika beim Kochen. Später holte Tino die Geige aus dem Wagen, und Branko kam mit der Gitarre dazu.
»Schade!« sagte Jerika. »Schade, daß wir nicht alle beisammen sind.«
Es kam nicht oft vor, daß Jerika wehmütig wurde.
Leise fragte Nauka die Mara-Mami: »Ist es nur meinetwegen? Bin ich schuld daran, daß die Sippe sich getrennt hat?«
»Schuld!« sagte Mara. »Was redest du nur immer!«
»Nun muß ich meinen Trotz bezahlen.«
»Niemand muß bezahlen, niemand kann bezahlen.«
»Werde ich ihn nie mehr wiedersehen?«
Ernst sah Mara sie an: »Kannst du immer noch nicht warten auf das, was dir geschenkt werden soll?«
Als aber Nauka jetzt wieder weinte, sagte Mara sanft: »Brombeeren wachsen überall. Vielleicht reifen sie auch im Frühling.«

Auch das violette Auto fuhr heute am Rhein entlang, aber links vom Strom. Ninja, Jerko, Mateo und Tereina waren nur eine halbe Stunde später als die anderen abgefahren. Auch sie hielten sich auf schmalen Nebenstraßen. Denn Ninja lenkte einen merkwürdigen Schleppzug: Hinter dem weißen Wohnanhänger schwankte Panelons alter Karren. Mateo saß auf dem Kutschbock, bediente die quietschende Bremskurbel, wenn es bergauf oder bergab ging, und versuchte, mit Hin- und Herrutschen in den Kurven den Karren im Gleichgewicht zu halten. Ninja wollte wenigstens einen Tag vor den anderen in Südfrankreich sein.
Tereina blickte staunend in die Landschaft: Felder, Wiesen, Berge, Wälder, Dörfer, Städte! Noch nie war sie durchs Land gefahren, noch nie hatte sie dies erlebt: Aufzubrechen, den hellen Bändern der Straßen zu folgen, unter freiem Himmel am kleinen Feuer zu rasten. Noch nie war sie aus der grauen Barackensiedlung hinausgekommen.
Gegen Abend erreichte auch Ninja die Grenze nach Frankreich, nur eben ein paar Wegstunden weiter südlich als die anderen. Zum ersten

Mal in ihrem Leben zündete Tereina allein ein Lagerfeuer an. Ninja, Jerko und Mateo sahen ihr zu.

Der Schlüssel zum Tor des Glücks

So fuhren sie nun weiter auf getrennten Straßen, – dort der grüne Wohnwagen und der Lastwagen, dort das violette Auto mit seinen beiden Anhängern. Sie fuhren immer weiter nach Süden. Von Tag zu Tag wurde Pimmi aufgeregter. Wann würden sie die anderen treffen? Die wußten ja nichts davon, und es war schwer, ein so großes Geheimnis zu bewahren. Sie hütete sich schon, mit Tutta allein zu sein, weil es sie einfach juckte, ihr zu erzählen, was sie wußte: Daß auch die anderen jetzt nach Süden unterwegs waren, und daß sie bald, bald das Tor für den Wunderschlüssel finden würde.

Doch zuerst kamen sie an die Brücke, die halbe Brücke, von der Mateo gesprochen hatte, – da zog sie über den Strom auf flachgewölbten Bogen und schwang sich so leicht dahin wie ein Stein, von den Jungen geworfen, über das Wasser tanzte. Doch nach dem dritten Pfeiler brach sie ab, mitten im breiten Fluß.

Pimmi lief zu Mara: »Bald!« flüsterte sie. »Bald!«

Und Mara nickte: »Ja, bald, Pimmi.«

Sie lagerten unter der hohen Stadtmauer nah beim Wasser. Auch andere Zigeuner waren dort. Die älteste Frau rief Pimmi zu sich.

»Sag mir deinen Namen!«

»Pimmi heiße ich.«

»Ich habe eine Botschaft für dich. Weißt du, von wem sie kommt?«

»Von Mateo?«

Die alte Frau nickte. Sie nahm etwas Kleines aus ihrer Rocktasche und legte es in Pimmis Hand. Gleich bog sie ihr die Finger darüber zusammen und sagte: »Rede nur mit eurer alten Frau und sage ihr: Wenn ihr einen halben Tag weit aus dieser Stadt hinausgefahren seid, werdet ihr

zu einer Straßenbiegung kommen, an der ein uralter Ölbaum steht. Zur linken Hand führt dort ein Weg von der Straße. Dem sollt ihr folgen.«
Pimmi wiederholte, was die Frau gesagt hatte, bedankte sich und lief gleich zu Mara.
Die erzählte gerade den anderen Kindern die Geschichte der Brücke: Ein Hirte hatte sie gebaut vor vielen hundert Jahren, zusammen mit seinen Hirtenbrüdern. Als sie noch mit allen Pfeilern auf dem festen Grund hier und drüben auf der großen Flußinsel stand, tanzten die Leute oft im Schatten unter den Brückenbogen. Nun hatte der Strom eines Tages die Brücke zerstört, aber man sang hier immer noch ein Lied, in dem es hieß, daß auf der Brücke von Avignon alle Leute tanzen.
Endlich war Mara-Mami allein, und Pimmi konnte ihr zeigen, was die alte Frau ihr gegeben hatte: Zwei winzige Puppenschuhe, gerade groß genug für Sara, mit einem roten Seidenband zusammengebunden. Sie sagte Mara auch, welche Botschaft von Mateo die alten Frau ihr aufgetragen hatte.
»Wann fahren wir weiter, Mara-Mami? Heute?«
»Ich will mit Tino sprechen. Wir haben ja noch viel Zeit bis zum Sarafest.«
»Ich kann nicht mehr warten.«
Mara sprach mit Tino. Sie hatte auch noch einen anderen Grund, bald aus der Stadt hinauszuwollen.
»Wenn es kommt, wollen wir irgendwo im Freien sein, Tino. Und es kommt bald, das weiß ich.«
So fuhren sie schon am nächsten Tag weiter. Wo der uralte Ölbaum stand, bog Tino nach links in einen Feldweg ein. Mara hatte geraten, das zu tun, und Tino und die anderen folgten immer ihrem Rat. Mara kannte ja dieses Land von vielen Reisen. Immer wußte sie, wo ein guter Lagerplatz war. So dachten die anderen.
Pimmi lief vor den Wagen her. Sie schickte Tutta fort, die mit der Hundekoppel zu ihr kam. Allein wollte sie sein, allein und zuerst das Wunder sehen. An jeder Wegbiegung hielt sie den Atem an. Kam es jetzt? Wartete es hinter jenem Felsen? Hinter diesem Olivengarten?
Jetzt gab Mara das Zeichen zum Anhalten. Ein kleiner Wald von Ka-

stanien und Eichen lag links vom Weg, ein Bach floß unter den Bäumen. Wo er eine breite Schleife machte und Pappeln und Weiden eine sandige Bucht umstanden, sollte man die Wagen abstellen und ein Feuer anzünden.

»Wir werden lange hier bleiben«, sagte Mara. »Bis zum Sarafest.«

Alle waren mit diesem Lagerplatz zufrieden. Schatten bot der Wald, klares Wasser der Bach. Die Kinder konnten im Sand spielen, die Erwachsenen unter den Bäumen ruhen oder in den Dörfern an der Hauptstraße nach Verdienst ausschauen.

Nur Pimmi wanderte ratlos umher, hatte keine Lust, mit Tutta Blumen zu pflücken, keine Lust, mit den Jungen Holz zu suchen, keine Lust, für Savina Wasser zu schöpfen. Sie hatte noch nicht einmal Lust, mit Mara zu reden.

Die Mami hatte sie im Stich gelassen. Sie hatte nicht mit ihr nach dem Wunder gesucht, sondern einfach nur nach einem günstigen Lagerplatz. Und Pimmi dachte, daß also auch Mara zu den Erwachsenen gehörte, die sich schnell zufriedengaben mit dem Nützlichen, dem Vernünftigen und Bequemen, die sich einfach hinsetzten und auf das Wunder warteten. Aber Pimmi wußte doch: Man mußte das Wunder suchen! Man mußte ihm nachlaufen, es aufspüren, man mußte es selbst finden. Aber wo? Hier, in diesem ganz gewöhnlichen Wald? Was dachte die alte Frau sich nur?

Nun war Pimmi so ärgerlich, daß sie es ihr doch sagen mußte. Mara saß mit Savina auf der Wagentreppe. Gerade war das weiße Wolltuch fertig geworden.

Weil Mutter Savina dabei war, mußte Pimmi vorsichtig reden.

»Wir sind einen halben Tag gefahren«, fing sie an.

Savina blickte erstaunt auf. Weshalb war Pimmi so mürrisch? Mara lächelte. »Wir sind einen halben Tag gefahren, aber nicht weit genug«, sagte Pimmi.

»Aber dies ist doch der beste Platz, den man sich wünschen kann?« meinte Savina.

»Ach!« rief Pimmi ärgerlich. »Man darf doch nicht einfach auf dem ersten Platz bleiben, der einem gefällt!«

Mara lächelte wieder nur, und Savina antwortete: »Aber ja, Pimmi! Dies ist doch ein guter Platz?«

Traurig schüttelte Pimmi den Kopf und ging fort. Es würde ihr nichts anderes übrigbleiben, als allein fortzugehen, allein das Wunder zu suchen. Nach dem Essen wollte sie aufbrechen. Sie ging in den Wagen und packte ein Stück Brot, eine Mohrrübe und einen trockenen Käse in ein Tuch. Am Waldrand unter dem Stechpalmenbusch versteckte sie das Bündel. Die Hunde würden wohl ihre Nase nicht in das Stachelgezweig stecken.

Als Jerika das Essen austeilte, ließ Pimmi sich ihren Teller dreimal randvoll füllen. Kummer machte sie immer hungrig. Außerdem war es gut, sich vorsorglich satt zu essen. Vielleicht mußte sie lange wandern, bis sie das Tor fand.

Bald lagen Bubala und seine Söhne schnarchend unter den Bäumen, bald gingen Savina und Mara in den Wagen, bald schlief auch Tutta bei den Hunden, und Branko schlief mit der Gitarre im Arm. Vater Tino saß irgendwo im Wald und stimmte seine Geige. Jerika blieb noch ein Weilchen am Feuer, dann fing sie an, im Lastwagen aufzuräumen.

Nauka wusch am Bach das Geschirr. Pimmi holte ihr Bündel, versteckte es hinter dem Rücken und ging zu ihr.

Nauka sagte: »Schön ist es hier. Sieh nur – dort schwimmt ein silberner Fisch!«

»Ich weiß einen Platz, der ist noch viel schöner«, sagte Pimmi und setzte sich neben sie. Sie ließ Sand durch ihre Finger laufen.

»So?« fragte Nauka.

Pimmi warf eine Handvoll Sand ins Wasser, noch eine und noch eine. Der Bach trübte sich, und der silberne Fisch schwamm fort. Pimmi holte tief Luft.

»Nauka, würdest du mit mir fortgehen und das Tor des Glücks suchen?« Nauka rieb gerade den großen Kupferkessel mit Sand aus. Jetzt stellte sie ihn nieder und sah Pimmi an.

»Du träumst, Schwesterchen.«

»Mateo sagt, ich träume schön.«

Nauka scheuerte weiter. Darauf gab es keine Antwort.

»Mateo kennt das Tor des Glücks.«

»Unsinn!« Nauka scheuerte.

»Wir könnten es suchen. Wenn du doch mit mir gingst!«

Und wieder warf Pimmi Sand ins Wasser und überlegte dabei, wieviel

von ihrem Geheimnis sie jetzt noch aussprechen durfte, ohne es zu zerstören, ohne dem Schlüssel die Wunderkraft zu nehmen.
Endlich war der Kessel blank, und Nauka trug ihn zum Wagen. Sie kam zurück und wollte auch die Teller holen. Immer noch saß Pimmi dort und starrte ins Wasser. Nauka blieb hinter ihr stehen und sah Pimmi zu. Wie lange hatte sie nicht mehr mit ihr gespielt und gelacht? Wie lange hatte sie nicht darüber nachgedacht, weshalb Pimmi so unruhig und nachdenklich war, weshalb sie sooft Seltsames redete?
Da drehte Pimmi sich um, legte den Finger auf den Mund und flüsterte: »Er ist wieder da, der Fisch, der silberne. Schau ihn an! Sieht er nicht besonders aus?«
Nauka betrachtete den Fisch und dachte: Es ist ein gewöhnlicher Fisch. Es gibt viele solche Fische in den Bergbächen. Aber als ich ein kleines Mädchen war, sahen auch für mich manche Dinge besonders aus, und die Erwachsenen verstanden es nicht.
Sie setzte sich neben Pimmi, und lange Zeit sahen sie beide dem silbernen Fisch zu.
»Er tanzt!« flüsterte Pimmi.
»Er hat alle Farben der Gottesbrücke«, flüsterte Nauka. Denn wenn er sich bog und wendete, schillerte der Fisch in allen Regenbogenfarben.
»Er sieht uns an«, flüsterte Pimmi. Für einen Augenblick kam es auch Nauka so vor. Dann plötzlich schwamm der Fisch davon, der Strömung entgegen.
Nauka und Pimmi folgten ihm. Sie zwängten sich durch die Weiden, sie wateten durch hohes Gras und krochen unter Dornzweigen durch. Sie sprangen über spitze Steine und kletterten über das Ufergeröll. Manchmal verloren sie den Silbernen aus den Augen, dann standen sie still und warteten, bis er sich wieder zeigte, glitzernd, schimmernd, verborgen von einem moosigen Stein oder hängenden Gräsern am unterspülten Ufer.
Der Bach bog in den Wald, und immer noch zog der Fisch der starken Strömung entgegen.
Plötzlich war da ein hoher Zaun aus dichtgestellten eisernen Stäben. Der Bach floß darunter her, und der Fisch war schon auf der anderen Seite, jenseits des Zauns. Wie sollten sie ihm jetzt weiter folgen?

Nauka sagte: »Nun müssen wir umkehren. Komm, Pimmi, wir gehen am Bach entlang zurück zum Lager. Schade, daß er fort ist, der schöne Fisch.«
Aber Pimmi schüttelte den Kopf. Sie lief ein Stück nach links am Zaun entlang, ein Stück nach rechts. Hier mußte doch ein Tor sein? Wo ein Zaun war, gab es auch ein Tor.
»Dort ist es!« rief sie und nahm Naukas Hand und zog sie weiter. »Das Tor, Nauka, das Tor des Glücks!«
Sara, die Puppe, saß an den Pfeiler gelehnt. So mußte es sein. Nauka stand staunend und stumm. Pimmi zog die kleinen Schuhe aus der Rocktasche und hielt sie ihr hin.
»Nun nimm sie doch! Zieh sie ihr an!«
Es waren schneeweiße, kleine Tanzschuhe aus weichem Leder. Nauka zog sie der Puppe an.
»Ich glaube, Tereina hat sie gemacht«, sagte Pimmi. Sie nestelte den Schlüssel vom Hals und gab ihn Nauka. Sie war nun nicht mehr ungeduldig. Sie hatte gefunden, was sie gesucht hatte.
»Weshalb?« fragte Nauka und nahm den Schlüssel. »Das Tor ist offen.«
»Es muß so sein. Mateo hat gesagt, der Schlüssel gehört dem Tor. Steck ihn ins Schloß, Mateo will es so.«
Nauka wunderte sich nicht, daß der Schlüssel in dieses Schloß paßte. Er war verschnörkelt und rostig wie die hochgeschwungenen Torbogen, wie ihr geschmiedetes Gitterwerk. Zwar konnte man ihn nicht im Schloß drehen, aber das war nicht wichtig, fand Pimmi.
»Nun können wir gehen«, sagte sie.
Sie gingen auf einem grasbewachsenen Weg zwischen Hecken und hohem Gras. Sie gingen über verwitterte Terrassen, durch dunkles Gebüsch. Eidechsen sonnten sich auf grauen Steinen.
»Dort ist das weiße Pferd«, sagte Pimmi. Sie wunderte sich nicht. Das weiße Pferd war aus Stein, aus altem gelblichem Marmor. Auf der Stirn trug es ein sonderbar gewundenes Horn, und es sah gut und freundlich und klug aus.
»Dort ist auch Ringelblume«, sagte Pimmi.
Und dann sah Nauka den Karren, das violette Auto, den weißen Anhänger auf der Terrasse vor dem verfallenen Schloß.

Panelon und Mateo sahen die Mädchen zuerst. Lachend liefen sie ihnen entgegen, und Tereina lief ihnen nach, strahlend vor Freude. Dann kam Tante Ninja im flatternden Blümchenkleid und ganz überströmt von Tränen. Mit ausgebreiteten Armen stand Onkel Jerko an der Balustrade und rief:
»Sie kommen! Sie kommen! O Stunde des Glücks!«
Niemand fand, daß er zu große Worte machte. Es war die Stunde des Glücks.
Bald hatte Ninja Kaffee gekocht und mit zitternden Händen Lebkuchen über Lebkuchen auf den geblümten Teller gehäuft. Pimmi kaute und sah nur den Kuchen vor sich auf dem Tisch. Alles war jetzt auf seinem richtigen Weg. Essen war nun wichtig, essen und trinken und fröhlich sein. Mochte Mateo jetzt lang und breit erklären, wie es gekommen war, daß sie sich hier trafen. Denn natürlich wollte er alles erklären, er konnte es sogar ganz gut, fand Pimmi. Aber das Eigentliche verstand er doch nicht.
»Und wenn ich den Schlüssel nicht gefunden hätte?« fragte sie mit vollem Mund. »Den Schlüssel kannst du nicht erklären.« Tereina hatte den Platz neben Mateo für Nauka freigemacht. Pimmi lehnte an Tereinas Schulter und malte auf ihre Schreibtafel einen großen Schlüssel und dann dazu das schön geschwungene Tor. Tereina verstand alles. Sie brauchte die Worte der anderen nicht.
Sie schirrten Ringelblume vor den Karren, machten den Anhänger am violetten Auto fest und fuhren durch das Tor auf den Weg hinaus. Den Schlüssel ließen sie stecken, sie brauchten ihn nicht mehr.

Es war nicht weit vom Schloßpark bis zum Lagerplatz. Tino und Savina standen am Straßenrand. Gerade erst hatten sie gemerkt, daß Pimmi und Nauka fortgegangen waren. Nun sahen sie, mit wem sie zurückkehrten.
Tino bekam einen roten Kopf. Sollte er sich umdrehen oder den Wagen entgegengehen? Aber Savina lief schon.
»Ihr kommt mit Gott! Ihr kommt mit Gott!« rief sie und nahm Panelons Hände.
»Wir finden euch mit Gott!« sagte der Alte. Dann wandte er sich zu Tino und fragte augenzwinkernd:

»Eine Hochzeit beim Sarafest, was hieltest du davon?«
Noch nie war ein Heiratsgespräch zwischen zwei Vätern so öffentlich und so kurz geführt worden.
»Sehr gut!« sagte Tino. Und damit war alles abgemacht.
Dann waren schon die anderen alle da, und es gab ein großes Begrüßen und Umarmen. Jerikas Jungen ließen die Fahrradklingeln schrillen, Branko schlug ein wildes Lied auf der Gitarre, die Hunde umkreisten mit Gekläff und Sprüngen den Menschenknäuel. Dann geschah dreierlei: Bubala sah Jerko an, und er sah, wie er ihm die schöne Nase zugerichtet hatte. Darum ließ er den Lastwagen an und fuhr ins nächste Dorf. Er tauschte seine goldene Uhr gegen ein Fäßchen Wein, roten Wein, um rotes Blut und eine schöne Nase damit zu sühnen.
Nauka ging zu Ninjas Wagen und führte Tereina zu den anderen, damit alle ihr die Hand gäben. Und Nauka nahm sich fest vor, es sollte keine Freude in ihrem Leben sein, die sie nicht von nun an mit Tereina teilen wollte. Zu allem Glück dieses Tages gehörte auch die Trauer in Tereinas Augen.
Savina legte ihre Hand auf Maras Arm und sah die alte Mutter an. Mara nickte und pochte laut mit ihrem Stock auf den Weg:
»Gebt Ruhe jetzt!« rief sie. »Zündet das Feuer an, beeilt euch. Tino, richte das Zelt für Savina.«
Nun fiel Pimmi ein, daß es ja noch ein Geheimnis gab, noch ein Wunder. Sie lief von einem zum andern, umarmte alle, zuerst Mutter Savina, dann Mara-Mami, Vater Tino, Branko, und sie steckte ihren Kopf tief in Naukas Rock und biß in den Stoff, damit sie nicht schreien mußte vor Freude. Ein Kind sollte geboren werden, ein kleines Kind, ein Brüderchen oder ein Schwesterchen für Pimmi! Vater Tino schlug schon ein Zelt für Savina unter den Bäumen auf.
Mara rief Mateo und Tereina zu sich. Sie zog ein kleines, silbernes Messer aus der Rocktasche und ritzte beiden die Hand unter dem Daumen. Dann fügte sie die Hände zusammen und sagte:
»Ihr sollt Geschwister sein, so lange ihr lebt.«
Danach gab Mateo der Mutter Savina eine Goldmünze, die hängte sie an einem Kettchen um Naukas Hals. Nun waren Mateo und Nauka Verlobte.
Mitten in der Nacht kam das Kind zur Welt. Alle saßen noch am glim-

menden Feuer, tranken Bubalas guten Wein in kleinen Schlücken und redeten über schöne und heitere Dinge, damit die neue kleine Seele, die sie erwarteten, gern zu ihnen käme.
Mara-Mami schlug die Zeltplane zurück und ging zum Bach. Sie schöpfte Wasser in ein kleines Gefäß und brach einen Zweig vom immergrünen Stechpalmenbusch. So trat sie zu den anderen am Feuer. Sie ging zuerst zu Tino, besprengte ihn mit Wasser und sagte:
»Tino, ein Sohn ist für dich geboren.« So ging sie von einem zum anderen, besprengte jeden mit dem immergrünen Zweig und sagte dabei:
»Es ist ein Sohn für Tino geboren.«
Tino, Nauka und Pimmi liefen zum Zelt. Der Vater ging zuerst hinein, danach durften die Geschwister das Kind sehen.
Am Morgen trug Mara den Kleinen durch das Lager und zeigte ihn allen. Panelon sollte sein Pate sein und Tereina die Patin. Sie galt nun für immer als Panelons Tochter und Mateos Schwester, die stumme Tereina. Sie war von dorther gekommen, wo Parni und die Kinder bleiben mußten.
In der Nacht darauf legten sich alle früh zum Schlafen nieder. Denn jetzt würden die heiligen Schicksalsengel in das weiße Zelt zum kleinen Panelon kommen. Sein Leben, seinen Tod, sein Schicksal und seinen Weg würden sie bereden. Nur Savina und die alte Mutter konnten ihre Stimmen hören, die Stimme des ersten, der das Gute verheißt, die Stimme des zweiten, der das Schwere verhängt, und die Stimme des dritten, des Richters, der darüber entscheidet, welcher von ihnen mehr Macht haben sollte über das Leben des Kindes.
Am dritten Tag wurde es in der Dorfkirche getauft. Panelon legte eine Goldmünze auf seine Brust, ehe Tereina es aufhob und den Weg hinuntertrug. Alle gingen mit in ihren schönsten Kleidern. Als sie zurückkamen, hängte Savina dem Kind ein Beutelchen um den Hals, darin waren Heilkräuter, die hatten Nauka und Mara gepflückt, auch eine Knoblauchzehe und ein Amulett mit einem Bild der Himmelsmutter. Danach ging Savina wieder in ihr Zelt und blieb dort sechs Wochen lang mit dem Neugeborenen und der alten Mutter allein.

Das war eine lange Ruhezeit für sie alle. Panelon schnitzte viele Löffel, Mateo schrieb sein Puppenspiel zu Ende, und Tereina nähte die

Kostüme für die Puppen.
Nauka fragte Mara: »Warum darf ich die Glückliche sein?«
»Es gibt keine Antwort, die wir verstehen. Aber TereinasTraurigkeit ist der Preis.«
»Also doch bezahlen?«
»Nicht mit Münzen, nicht mit Gaben, nicht mit Segenswünschen, nicht mit deinem ganzen Leben«, sagte Mara. »Denn immer muß ein anderer für uns bezahlen.«

Tutta kam zu Pimmi und fragte: »Was ist eigentlich mit deinem verrückten Schlüssel und dem Wundergarten?«
Sie liefen den Weg hinauf zum verlassenen Schloß. Pimmi hatte kein gutes Gefühl dabei, aber sie wollte doch Tutta beweisen, daß sie nicht einfach nur einen alten rostigen Schlüssel gefunden hatte. Aber heute war alles anders als am Tag der Ankunft. Da lag der alte Park im Nachmittagslicht und war nichts als ein verwilderter Garten mit grasigen Wegen, mit Eidechsen und Schmetterlingen. Da war das Schloß: graues, staubiges Mauerwerk, dunkle Fensterhöhlungen und Schuttberge. Sie fanden Spiegelscherben, blumige Tapetenreste und zerbrochene Stuhlbeine unter den Trümmern, aber das war lauter schlechtes Zeug. Noch nicht einmal Tutta mochte es mitnehmen.
Zuletzt führte Pimmi sie zum Einhorn im dunklen Gesträuch. »Dein weißes Pferd ist ja nur aus Stein«, sagte Tutta. »Außerdem hat es einen häßlichen Auswuchs auf der Stirn. Und wo ist dein Prinz?« Pimmi wußte keine Antwort. Tutta kletterte auf den Rücken des Einhorns, und Pimmi stand traurig dabei.
Als sie wieder am Tor waren, sagte Tutta:
»Du hattest dir eben alles nur ausgedacht. Das ist ja nicht schlimm, du bist eben noch klein.« Sie war schon auf dem Weg. Pimmi stand noch am Tor, spielte mit dem Schlüssel und sah durch das Gitter. Da traf ein Sonnenstrahl das Einhorn fern zwischen den Büschen. Und nun sah Pimmi, wie es langsam den schönen Kopf hob und sie ansah. Jetzt würde es sprechen, das wußte sie, jetzt würde es ihr etwas unerhört Wichtiges sagen. Und sie würde etwas wissen, was niemand wußte.
Da rief Tutta:
»Komm doch endlich!«

Am nächsten Tag brachen sie das Lager am Bach ab und fuhren nach Süden, zum Sarafest. Lange Wagenzüge begegneten ihnen auf der Straße: schwankende Wohnwagen, chromblitzende Autos mit Wohnanhängern, klappernde Karren. Aus allen Ländern kamen die Leute ihres Volkes jetzt hierher.
Sie stellten ihre Wagen auf den Festplatz unter den Mauern der Kirche. Dann gingen alle in die dunkle Kapelle unter dem Kirchenschiff. Jeder erzählte der heiligen Sara, was er an Freuden, Schmerzen und Hoffnungen mit sich brachte.
»Sara!« flüsterte Pimmi. »Morgen wird Nauka Mateos Frau, und ich muß nun selbst eine große Schwester sein. Werde ich immer den richtigen Weg finden?«
»Sara!« flüsterte Nauka. »Hilf mir, daß ich eine gute Frau für Mateo werde. Gib Tereina fröhliche Tage und schütze Pimmi, wenn ich nicht mehr immer bei ihr bin!«
Draußen auf dem Festplatz war buntes, lärmiges Leben. Wieviel Freunde und Verwandte gab es zu begrüßen, wieviel zu erzählen und zu erfahren! Ninja ließ Jerko mit Tereina die Lebkuchen verkaufen und lief von Wagengasse zu Wagengasse. Auch Migra und Juan waren mit ihren Söhnen und der kleinen Ehra gekommen. Sie bauten ihren Stand dicht neben Mateos Puppenbühne und Jerikas Zirkus auf.
»Nun hast du selbst ein kleines Brüderchen«, sagte Migra zu Pimmi und fragte listig: »Findest du es eigentlich niedlicher als unsere Ehra?«
Pimmi überlegte lange. Dann sagte sie: »Wenn ich du wäre oder Juan, dann würde ich Ehra niedlicher finden. Aber ich bin Pimmi, und darum finde ich den kleinen Panelon niedlicher.«
Migra lachte, und als Pimmi fortgegangen war, sagte sie zu Juan: »Sie wird einmal eine sehr weise alte Frau werden und ihre Sippe gut und klug führen.«
Drei Tage lang feierten sie Naukas und Mateos Hochzeit mit Gesang und Tanz und üppigen Mählern. Auf dem Platz vor dem grünen Wagen flatterte die bunte Hochzeitsfahne im Seewind. Am Abend des dritten Tages wurde Nauka in feierlichem Zug mit Musik zu Panelons Karren geleitet. Hinter ihr gingen Hotolo, Pepe, der junge Juan und Arniko. Sie hielten an den vier Zipfeln das Kopftuch, das Nauka von morgen an alle Tage tragen würde.

Am vierten Tag feierten alle das große Sarafest. Junge Burschen trugen das Sarabild aus der Kapelle. Sie brachten es an den Strand hinunter und gingen mit dem Standbild weit ins Meer hinaus. Neben ihnen ritten auf weißen Pferden die Hirten der wilden Herden, und alle Menschen aus dem Lager gingen hinterher. Mit ihren schönen Kleidern wateten sie singend durchs Wasser dem Sarabild nach.
Pimmi ging an Mara-Mamis Hand zwischen Savina mit dem kleinen Bruder, zwischen Vater Tino und Branko, Nauka, Mateo und Panelon und allen, die sie lieb hatte. Sie wußte nicht, ob das, was sie fühlte, eine große Freude war oder eine Traurigkeit.
Eine Welle schlug ihr ins Gesicht.
Als sie die Augen wieder öffnete, sah sie den Bischof draußen fern auf der schaukelnden Barke stehen. Er segnete das Meer und die Schiffe, die singenden Menschen und ihre Wagen am Ufer.

Noch am Abend desselben Tages brachen sie wieder auf.
Im rüttelnden Wagen saß Pimmi, als sie am Ölbaum vorüberfuhren, dort wo der Weg zum Tor des Glücks abzweigte. Leise sagte sie zu Mara:
»Ich war noch einmal dort im Garten, und das Einhorn wollte mit mir sprechen. Aber Tutta redete dazwischen. Nun weiß ich das Wichtigste nicht.«
»Was das Einhorn sagt, kann kein Mensch mit Worten wissen«, sagte Mara.
Doch nun sah Pimmi in der blauen Dämmerung den Mond über den Hügeln. Und sie wußte jetzt, was das Einhorn sagen wollte, nicht mit Worten, aber mit dem Herzen wußte sie es:
Dies ist das Geheimnis des Schlüssels zum Glück: Man kann ihn nicht besitzen, man kann ihn nur verschenken.
Das Geheimnis des Tores aber ist das Hindurchgehen, nicht das Wohnen im schönen Garten.
Du mußt arm sein und darfst nirgendwo bleiben. Doch das Wunder ist überall, und alle Wege auf Erden gehören dir!
»Mond! Mond! Mond!« flüsterte Pimmi, und sie war glücklich.